Dedicado a mis padres:
Constant Georges MERITZA
(1929-2011)
Josiane MERITZA
(1936-)
y al que comparte mi vida
mi compañera Sophie

Dedicación especial:

Yoann MERITZA

¿CÓMO REPROGRAMAR SU MENTE SUBCONSCIENTE?

Editorial:

BoD-Books on Demand,

12/14 rond point des Champs Élysées

75008 Paris, Francia

Impresión: BoD-Books on Demand, Norderstedt, Alemania

Depósito legal Febrero 2018

ISBN : 9782322109227

Foto de portada :

Licencia: cco 1.0 universal / (cco 1.0)

Diseño gráfico: Yoann MERITZA

¿Cómo reprogramar tu mente subconsciente?

"Entre lo que pienso, lo que quiero decir, lo que creo que digo, lo que digo, lo que quieres oír, lo que oyes, lo que crees que entiendes, lo que quieres entender y lo que entiendes, hay por lo menos diez posibilidades (pero en reflexión por el décimo...) de no entenderse. Pero, intentémoslo de todos modos. "

("Nueva Enciclopedia del Conocimiento Relativo y Absoluto" Bernard Werber)

ALGUNAS PALABRAS SOBRE
EL AUTOR

Yoann MERITZA es un autor ensayista apasionado por el desarrollo personal y el comportamiento humano.

Nacido el 28 de marzo de 1978 en Bonneville, Haute-Savoie, de familia obrera, se benefició de la escolarización en instituciones católicas privadas, en particular en Sainte Bernadette y Saint Jean Bosco in Cluses, en su departamento de nacimiento.

Su padre, Constant Georges, fallecido el 5 de julio de 2011 a la edad de 81 años, veterano de Indochina, ex miembro del TOE-GCI, un camionero civil, sufrió de cáncer de garganta en 1981, siempre luchó y cultivó el entusiasmo a pesar de su discapacidad, porque entendía lo preciosa que era la vida y que había que vivirla intensamente. Fue un veterano tanto durante la guerra de Indochina, y luchó por el resto de su vida.

Yoann estaba inmerso en este ambiente en el que había que luchar todos los días, siempre intentaba seguir adelante sin importar lo que pasara y probaba nuevas experiencias.

Siguió una escolaridad normal hasta 1993 antes de ir a una escuela de aprendizaje en Saint Jeoire donde descubrió los oficios de electricista, carpintero, volteador de barras y soldador, lo que lo convirtió en un "gorrón de todos los oficios".

En septiembre de 1995, un nuevo punto de inflexión en su vida, siguió una trayectoria en el sector terciario de la contabilidad en el Lycée Professionnel Privé "les cordeliers" de Cluses, donde descubrió la ofimática y la administración, y aprendió también las tecnologías de la información para la gestión, que sigue utilizando hoy en día en su vida privada. Pero perdió su BEP por unos pocos puntos.

Bajo la dirección de su antiguo profesor de contabilidad, repitió su BEP en 1998, que obtuvo.

De febrero de 1999 a diciembre del mismo año, realizó su servicio nacional en Auxonne en Borgoña en el 511º Regimiento del tren, luego en el 27º BCA en Cran-Gevrier en Haute-Savoie.

Después de dejar el ejército, decidió probar su licenciatura en contabilidad como candidato libre, trabajó durante meses en todas las materias, se convirtió en su "propio maestro", aún hoy, autodidacta hasta la médula, supo "entrenarse a sí mismo", obtuvo su diploma, pero decidió no detenerse, sintiendo que estaba creciendo alas, trabajó en la industria para financiar sus estudios por correspondencia, los cuales era para él "una gran pieza", cada noche después de sus clases, pero los resultados eran escasos para él.

Se comprometió a reanudar los estudios en sesión recurrente en 2001, a petición de los centros de formación y del "Centro de Información y Orientación" (COI), donde fue seguido por un consejero que le ayudó a rellenar los formularios necesarios para su reintegración en el ciclo profesional.

En septiembre de 2001, regresó al Liceo Guillaume Fichet, tenía entonces 23 años, cuatro de los cuales lo separaron de los demás alumnos, un ligero choque generacional que logró compensar, se adaptó muy bien a este entorno, y en junio de 2003 obtuvo su bachillerato profesional en contabilidad.

Intentó por todos los medios pasar su BTS, porque a los 25 años ya era demasiado viejo para los empleadores, cuando se trataba de sumergirse en un ambiente profesional en dos años. Sufrió derrotas, pero no admitió la derrota. Asistió a algunos seminarios para las principales marcas de automóviles, especialmente en Valence, en la región de Drôme.

En 2004, aprovechó una oportunidad de oro siguiendo una formación como colaborador de PME/PMI en la Cámara de Comercio e Industria de Scionzier en Haute-Savoie, donde descubrió la PNL (Programación Neurolingüística) donde aprendió las herramientas para moldear la mente subconsciente y dirigir la naturaleza   humana.

Desde 2007 hasta ahora, se ha interesado en

los temas de desarrollo personal, control subconsciente y ha leído muchos libros sobre temas de psicología y comportamiento, también ha asistido a seminarios de coaching. Todavía sigue, y con bastante regularidad, a los entrenadores de desarrollo personal.

También es miembro de la Unión Nacional de Combatientes (UNC-Alpes), y del 27º BCA.

PRÓLOGO

¡Hola a todos mis amigos lectores!

Finalmente aquí estamos, un nuevo libro sobre desarrollo personal, tomó tiempo, pero finalmente llegamos, lo que significa que con un poco de voluntad, podemos hacer todo, lo muestro nuevamente.

Después de mi primer libro "*Éxito garantizado*", se me ocurrió la idea de un segundo libro, sin saber realmente de qué iba a hablar y por dónde empezar.

Para la ocasión, iba a hacer algo muy especial, ¿qué más podría hacer que no existe actualmente y que podría ayudar a mucha gente en todo el mundo?

Así que tuve la idea de hacer mi propio libro dedicado a la mente subconsciente. Ya hay algunos, lo sé, pero muy pocos son aptos para cualquier público, tuve que hacer algo compatible con todos los niveles de conocimiento.

Muchas personas encontrarán que mis enfoques son simplistas, yo les respondería que es voluntario. Lo que está al alcance de algunos no está al alcance de todos, creo que es "colectivo", es decir, a cualquier nivel sociocultural, no hay necesariamente necesidad de requisitos previos, todo el mundo puede asimilar las líneas de este libro sin demasiadas dificultades.

Tuve que reunir mucha información sobre el tema para escribirlo, y en resumen, es en parte de lo que hablaré, de la búsqueda de nueva información.

La mayoría de ustedes ya han intentado aprender sobre el tema a través de Internet, y sé lo frustrante que es estar en sitios que ofrecen respuestas evasivas o complicadas, los autores de estas páginas no llegan a todo el mundo y no se dan cuenta de que este mismo público no asimila todo fácilmente.

Lo que hace que este libro sea único es tanto una interpretación personal de las leyes de la mente subconsciente, el resultado de una extensa investigación con especialistas en el campo, incluyendo la lectura de las obras del Dr. Joseph Murphy, como también para proporcionar una nueva perspectiva en nuestra forma de pensar, para crear algo para el uso de todos sin distinción, limitando o incluso desterrando todas las expresiones científicas.

Es un libro práctico que todo el mundo puede conseguir, y mi voluntad al escribirlo es ayudar al mayor número de personas posible manteniendo a todos al tanto.

Resumiré las líneas principales de este libro para facilitar la comprensión, que se ha dividido en dos partes principales, una teórica y otra práctica.

Nuestro cerebro es una enorme base de datos donde se transmiten miles de millones de datos cada segundo para permitirle operar nuestro cuerpo y almacenar los datos que recibimos a lo largo de nuestras vidas desde el nacimiento.

En este mismo cerebro, tres funciones comparten el lugar, hay en primer lugar la conciencia que interactúa con nuestro mundo externo, el inconsciente donde reside el espíritu imaginario y creativo que constituye nuestro mundo interno, y el subconsciente, el gran tomador de decisiones de nuestras acciones e interpretaciones hacia el mundo externo, en relación directa con nuestra experiencia.

Este último valida o no (sin que nosotros realmente queramos) lo que pensamos o imaginamos, es el árbitro de todo lo que grabamos en la memoria.

Hay dos fases muy importantes en el proceso de pensamiento, lo que sabemos y lo que pensamos que sabemos, lo que ha sido aprendido incorrectamente, ya sea por una tercera persona o interpretado de acuerdo a lo que hemos experimentado (y no necesariamente lo que sabemos), y lo que es real (conocimiento).

Hay criterios específicos para nuestros propios pensamientos, provienen tanto de lo que hemos aprendido de nuestra familia, amigos, maestros, como de nuestras propias experiencias, por ejemplo, de niño, si te has quemado con un radiador, la información que resultará en tu subconsciente es el dolor, y durante toda tu vida tendrás cuidado con los radiadores.

Si usted es víctima de fobias como el miedo a las arañas, lugares cerrados, gatos o cualquier otra forma de miedo, corresponden a lo que acabo de decir.

En pocas palabras, todo lo que da forma a nuestro subconsciente es una acumulación de interacciones directas con el mundo exterior, pero también, las creaciones de nuestro mundo interior (el inconsciente).

Entonces, tenemos una primera pregunta, si un cerebro puede ser programado, ¿es posible reprogramarlo? Por supuesto que sí, todo lo que tienes que hacer es reinterpretar nuestra viejos pensamientos y creencias de nuestro subconsciente, nuestra memoria es parte de nosotros, a menos que haya una amnesia general, lo que no significa borrar toda nuestra experiencia, sino interrumpir las conexiones neuro-asociadas.

Por otro lado, es posible modificar los caminos de acceso a nuestra mente subconsciente, crear nuevas conexiones que le permitan validar nueva información, en este libro, te mostraré cómo proceder, y con algunos ejemplos.

Para ello, en la primera parte, les hablaré de esta maravillosa máquina que nos permite pensar y actuar. Descubrirás cómo fluye la información, por qué piensas de esta manera y cómo es posible cuestionar la forma en que piensas o actúas.

También descubrirás el maravilloso poder de la creatividad y la imaginación, cómo los grandes pioneros crearon nuestra vida cotidiana, qué nos permite conducir un coche, tener luz, divertirnos, todo esto viene de su subconsciente, el gran banco de información que proporcionó los elementos necesarios para el inconsciente (lo imaginario).

Por ejemplo, si te gusta hacer manualidades y quieres construir una cabaña (en tu imaginación), necesitarás madera, herramientas y clavos, así que los consigues en la tienda de bricolaje (el subconsciente) que te proporcionará todo lo que necesitas para hacerla.

En la segunda parte de este libro, aprenderás a reprogramar tu mente subconsciente (ya que de eso se trata), y a convertirte en una mejor versión de ti mismo. Pero requerirá una inversión personal, y mi papel es el de proporcionarle todas las herramientas y técnicas necesarias para lograrlo. Todo lo demás depende de su voluntad de actuar, y en esto, incluso proporcionándole las herramientas adecuadas, su inversión personal es suya.

También aprenderás por qué te rindes tan cerca de la meta, a no querer o a postergar, expulsarás esos malos hábitos que envenenan tu vida, adoptarás un nuevo estilo de vida, el éxito se convertirá en tu razón de ser.

Mi objetivo es ayudarlo a recuperar el control máximo de su destino, tendrá que desterrar muchas de sus antiguas creencias y adoptar otras nuevas, y verá que será mejor.

Para concluir, sin lugar a dudas, todos los métodos en este libro solo pueden funcionar, porque realmente lo son, lo invito a tomar el control y no creas a todos aquellos que te venden sueños e imaginación, el verdadero poder está solo en ti.

Esperamos que este libro le proporcione todo lo que necesita.

Sinceramente

Yoann MERITZA

INTRODUCCIÓN

«Una biblioteca es la encrucijada de los sueños de toda la humanidad.»

(Julien Green)

Hoy es un gran día, la apertura de una nueva biblioteca en la ciudad. Los residentes estaban encantados con el evento, y todos trajeron algo para su inauguración. Una de las "Sophie" (porque es un nombre muy común en esta comunidad) había traído sándwiches y latas de refrescos. Con el mini-mercado cerrado, había recurrido a una máquina expendedora en una gasolinera para conseguir sus suministros, haciendo feliz a la compañía encargada de suministrar estas máquinas, y la ira de los camioneros que querían tomar un pequeño bocadillo.

Muchas personalidades como Bernard Henry Levy fueron incluso invitadas, no pudo liberarse estando muy ocupado, en su lugar estaba Bertrand Pinot, especializado en guías de vinos y residente en un pueblo cercano, su discurso podría estar limitado a los viñedos nacionales.

El alcalde de la ciudad no tomó su demanda en el tintorero, porque estaba cerrado como cualquier otra tienda (incluido el minibar), por decisión del miembro de la sede más alta del municipio, que tenía el *"Brillante idea"* para hacer del día de la inauguración un día de descanso para los habitantes de la ciudad.

En su defecto, tomó lo que tenía a mano, su traje, que data de hace diez años y que, al parecer, es estrecho y huele a naftalina.

La noche transcurre bien, fuegos artificiales, bailes, música con los "corazones del Priorato de Santa Cecilia, que llegaron con gran refuerzo del Luberon y el camión, su camioneta se había roto. Ed Sheeran tuvo que venir a su lugar. Pero no pudo liberarse (de manera decisiva) Al mismo tiempo, dio un concierto en Seattle, y ¿por qué instalarse en esta pequeña ciudad de Francia, habitada por apenas treinta personas?

El discurso fue breve porque no había mucho que decir, Bertrand Pinot solo estaba aquí para promocionar los viñedos de su guía de vinos, y el alcalde habiendo dejado su discurso en el bolsillo de su traje (el de la tintorería), su intervención fue breve.

¿Pero qué hay de esta gran biblioteca? El arquitecto intervino por la noche para elogiarlos, dejando una gran variedad de libros, o mejor dicho, una gran variedad de lugares para colocarlos.

¿Por qué dice eso? Porque está desesperadamente vacío, ¿cuál es el sentido de construir uno entonces? Esta tarde fue una sucesión de decepciones fatales, Bertrand Pinot, el priorato de Sainte Cécile, el alcalde en su traje que muestra su robustez y la ausencia de su discurso perfumado con disolvente de tintorería, y la pequeña Sophie con sus sándwiches que se pueden encontrar en las máquinas expendedoras de la carretera.

Probablemente se preguntarán de qué sirve si no hay nada que leer, esa es la pregunta que la gente de esta ciudad también se ha hecho a sí misma. Como resultado, una persona responsable del proyecto de crear esta biblioteca, viendo que los estantes desesperadamente vacíos tenían una idea brillante (la primera de todas), convocó a todos los habitantes a una reunión.

Durante su intervención, pidió a los habitantes que dieran todos los libros que ya no leen, y que vinieran y los pusieran en la biblioteca en los estantes, Bertrand Pinot fue el primero, podemos imaginarlo.

Así, la gente de esta ciudad regresó a sus respectivos hogares, cada uno vaciando sus áticos de libros viejos y polvorientos que ya no necesitaban, y llevándolos de vuelta a la biblioteca. Pero este tiene dos grandes callejones, uno llamado "*paraíso*" y el otro "*infierno*". En la parte inferior de estos están los archivos. Los libros fueron dejados en desorden.

Los responsables del proyecto así nombraron a un bibliotecario que se apresuró a poner en orden todas estas obras, la tarea era peligrosa y larga, no todos nos llamamos Bertrand Pinot, porque es él quien fue elegido por falta de mejor, más de treinta mil había libros en los estantes, y también había espacio disponible para acomodar otros nuevos.

Los visitantes, muchos de los cuales ayudaron a llenar las estanterías, se perdieron, las categorías no coincidían con lo que buscaban, la literatura infantil estaba en la sección de ciencia ficción, historias de aventuras en las estanterías para el romance, perdieron el tiempo encontrando su camino en los pasillos. Nos preguntamos si Bertrand Pinot no se contenta con escribir guías de vinos.

El bibliotecario fue reemplazado, y cada libro encontró su lugar deseado (según la nueva persona nombrada para el puesto), pero a pesar de ello, la mayoría de los visitantes no se sintieron molestos por estos cambios.

Esta gran biblioteca eres tú, o al menos tu cerebro, guía el vehículo que te permite evolucionar en este mundo e interactuar con el mundo exterior, es decir, con tu cuerpo.

Las estanterías son tu memoria, desde el nacimiento están vacías y se llenan desde los primeros momentos de tu vida.

Los libros simbolizan su conocimiento, dependiendo de si están almacenados en el paraíso o en el pasillo del infierno.

Los archivos representan tu mente subconsciente, es el lugar donde se almacenan todos los recuerdos. (conocimientos previos)

Los habitantes constituyen las interacciones con tu entorno, las personas que conoces en tu vida, vienen a depositar los libros que representan la información (conocimiento posterior).

Y finalmente, el que tiene el peor papel es la conciencia, en forma de bibliotecario, clasifica los libros dados (interacciones) en los dos pasillos de las estanterías, uno representa tus buenas elecciones (cielo), y el otro, tus malas decisiones (infierno). Se refiere a los archivos (subconsciente) para almacenarlos. A veces el pequeño bibliotecario hace lo que quiere.

En cuanto a mí, estoy aquí para poner orden en los archivos, para ayudarte a tomar las decisiones correctas, para que vuelvas al camino correcto. Mi tarea no es nada sencilla, tendré que reajustar tu mente subconsciente que no necesariamente asimilará todo lo que le daré, convencer a un bibliotecario que se mantiene firme en sus posiciones, pero con tu ayuda, lo combatiremos.

Para ello, primero les mostraré los planos de esta gran biblioteca, pondré los libros de conocimiento en los estantes y pasillos correctos, y también agregaré otros nuevos.

¡Vamos de inmediato a descubrir tu cerebro y ponerlo en orden!

PARTE 1: DESCUBRIENDO NUESTRO SUBCONSCIENTE

CAPÍTULO 1: ¿CÓMO FUNCIONA?

"Puede que no haya un día en nuestra infancia que hayamos vivido tan plenamente como los que creíamos que habíamos dejado sin vivirlos, los que pasamos con un libro favorito."

(Marcel Proust)

Comprender nuestra mente subconsciente

Llegaremos al meollo del asunto y trataremos de dar una definición bastante precisa de la mente subconsciente, ¿quién es y para qué sirve? Muchos confunden consciente, inconsciente y subconsciente, para ayudarte a entender sus funciones, déjame mostrarte su diferencia.

En primer lugar, está la conciencia que funciona en interacción con el mundo exterior, en conexión con una reflexión directa relacionada con nuestros hábitos de la vida diaria y tus recuerdos, es la mente despierta, cuando tomas un trago, cuando lees, haces deporte u otra actividad, lo haces en plena conciencia y con un poco de reflexión, piensas en ello y actúas en consecuencia. Actúa de acuerdo con tus cinco sentidos, y la mente subconsciente es el árbitro. Cuando estás enfocado, significa que nada más interactúa entre lo que estás experimentando fuera de ti mismo, y la grabación de datos en el subconsciente, durante una conversación, escuchas las instrucciones de tu jefe, la interacción es directa, no estás distraído por otros elementos externos, la mente se centra en lo que él dice.

En cuanto al inconsciente, es la mente dormida, es el asiento de nuestra imaginación y sueños, es nuestro mundo y se comunica con la mente subconsciente desde la cual se origina para crear algo nuevo que luego almacenará en el gran banco de memoria. Los grandes artistas se centran en el mundo interior a partir de lo que ya conocen y lo transcriben, a través de la mente subconsciente, al mundo real. A veces nos hace cometer actos cuyos juicios de valor son reinterpretados por el subconsciente, en este caso, la conciencia se basa solo en las interacciones con el mundo interior, a menudo se ha oído decir "¡pero qué inconsciente! "es porque en estos casos específicos, no estabas prestando atención. Actúa de acuerdo a su propio mundo interior, el mundo exterior es reinterpretado. Esto sucede cuando, por ejemplo, estás en medio de un trabajo y piensas en muchas cosas dentro de ti, así que ya no estás enfocado en lo que estás haciendo, o al menos parcialmente.

Y luego está el subconsciente, este es el tema que discutiremos en este libro, interactúa con su consciente e inconsciente, tanto el mundo interior como el exterior. Es el hogar de nuestras memorias archivadas más antiguas y funciona sobre la base de un juicio de valor. Tus sentimientos en conexión con las etapas de tu vida están escritos en ella, actúa no sólo con palabras, sino también con emociones relacionadas con la conciencia y las creaciones del inconsciente. La mente subconsciente es en cierto modo el árbitro de nuestros pensamientos.

El origen de nuestra antigua información

Desde el primer día de tu vida, tus padres ofrecieron un libro a tu subconsciente llamado "*paradigma*", su clasificación en los estantes de esta gran biblioteca de la que hablé en la introducción tendrá un impacto decisivo en el resto de tu vida. En este libro encontramos la información primaria, que moldea nuestras mentes, está en el corazón mismo de lo que nos hace evolucionar en este mundo desde nuestro nacimiento y nuestros primeros pasos en la vida.

El bibliotecario (conciencia), curioso de todo, lo leerá en secreto y lo clasificará según sus sentimientos en el *"cielo"* o *"infierno"*, muy lejos, donde se encuentran las dos naves, cerca de los archivos. La conciencia puede escribir nuevos capítulos de nuestras vidas dentro de esta gran biblioteca, una inteligente combinación de información antigua, almacenada en un nuevo camino llamado "inconsciente" o *"imaginario"*. Este punto de origen creará conexiones con otro libro llamado *"Infancia"*, que contiene todos los capítulos de tu juventud, tanto buenos como malos momentos.

A partir de entonces, nuevos libros completarán la colección, tanto los que recibas como los que crees, cuanto más lejos vayas en la vida, y cuanto más libros nuevos añades, los pasillos se complementan entre sí y te alejan del primer libro cuya ubicación solo el bibliotecario (tu conciencia) conoce, a menos que tenga lagunas en su memoria. Nuestros primeros pasos en la vida son decisivos, son los que dan forma al resto de nuestra existencia, haciéndonos seguir un camino, luego otro, y una cosa nos lleva a la otra, nos lleva a la página que lees por ejemplo, es decir, hasta el punto en que estás ahora.

Esto no significa que todo está perdido, ¡y sí! Tienes mi libro que puedes añadir a tu propia colección en tus estanterías, sin embargo, no lo hará todo, solo te dará pistas para seguir, pero lo que realmente está pasando en tu cabeza (tus juicios de valor) depende de ti, yo te mostraré el camino, pero depende de ti seguirlo.

Si en tu juventud te han impuesto prohibiciones, intimidado o desanimado, esta información será almacenada por tu mente subconsciente y las emociones asociadas con ella, y es tu mente subconsciente la que decide qué comportamiento adoptar basándose en lo que ha recogido. Cómo clasificar la información, en "*dolor*" o "*placer*", en "*paraíso*" o "*infierno*".

Aunque como adulto (no sé dónde estás exactamente en relación con tu edad), si has olvidado o quieres olvidar, todavía hay en tu subconsciente las referencias a episodios dolorosos o alegres grabadas en tu interior. En el patio de la escuela o en la familia, oíste cosas desagradables sobre ti mismo, que eras incapaz, que eras bueno para nada, nulo, tu mente maleable aceptó la información, y esto desencadenó un mecanismo de bloqueo. Este, no solo hace que tus recuerdos hablen, sino que también lo asocia con un sentimiento relativo.

Este bloqueo es causado por la barrera sociocultural que no te invita a ir más allá de tus posibilidades.

De hecho, su percepción del mundo exterior está moldeada por todas las creencias que se han inculcado en usted y su interpretación del entorno que le rodea.

En pocas palabras, imagínese un puesto fronterizo dirigido por un oficial de aduanas alcohólico, el sargento *Pastaga* (mi mente me lo susurra, no sé por qué).

Él te dice cualquier cosa bajo la influencia de la embriaguez, que es imposible para ti cruzar la barrera, porque no eres parte de los iniciados, el nuevo mundo no es para ti, y estás restringido a permanecer en lo viejo, es decir, en tu vida actual.

Al otro lado de esa frontera está la vida que quieres tener, la miras desde lejos, pero no corres el riesgo de irritar al aduanero bajo la influencia del alcohol, porque no sabes cómo forzar el paso y romper esa barrera, tendrás que establecer un plan de acción, y para eso, necesitarás nueva información en forma de libros, no es tu séquito el que te ayudará, de lo contrario, ya habría cruzado la frontera hace mucho tiempo, sino que se queda contigo, por miedo a enfrentarse a la ira del oficial de aduanas que está inquieto en la distancia.

El conocimiento será tu pasaporte o la forma de romper esta barrera, sabes cómo usarlo, porque el nuevo mundo está lleno de gente culta, no serás aceptado allí y si quieres acelerar los eventos para llegar allí, puedes también tomar un camión y romper la barrera al no golpear al Sargento *Pastaga*, quien hará sonar la alarma, y en gran refuerzo, te llevará de regreso a través de la frontera.

También puede obtener un pasaporte y solicitar información al funcionario de aduanas, quien le dará lo mejor. Tráele una buena botella de vino, eso lo haría feliz. Él le dirá que para obtenerlo, tiene que ir a un edificio administrativo grande llamado "*instrucción*". En este edificio, hay varias oficinas. En cada uno de ellos, se solicitará un documento. ¡El primero se llama "*voluntad*" y eres tú quien lo escribe!

Armado con este documento, pasas por una primera oficina llamada "*Español*", él pone su visa para ir a la siguiente sala "*Matemáticas*", luego "*Ciencia*", y así sucesivamente hasta el último sello del sello de "*Confianza*".

Una vez aplicado el último sello, puede imaginarse orgullosamente frente al Sargento Pastaga con el precioso documento y una buena botella de *Gewurtstraminner*.

Les abrirá la puerta a ustedes en este nuevo mundo lleno de individuos cultos a los que les ha ido muy bien en sus vidas. La interacción será entre ellos, y usted no parecerá ser un impostor.

Pasar por las oficinas de "*entrenamiento*" fue un viaje largo y peligroso, en fases de desánimo, pero mantuviste el objetivo de ir al otro lado de la frontera, no habrá sido fácil, pero lo has conseguido.

El punto de referencia

Esto es lo que está en el origen de tus pensamientos actuales desde los primeros momentos de tu vida. El primer libro de toda nuestra existencia titulado "*paradigma*" que crea las primeras conexiones neuro-asociadas sobre la información presentada y la información retenida.

Cuando nacemos, nuestros ojos se abren al entorno que servirá de base para nuestra percepción de todo lo que nos rodea. Estas percepciones son los cimientos, es a partir de ahí que todo se construirá, las primeras conexiones se crearán con sus recuerdos, la memoria se forma al mismo tiempo que sus sentimientos relacionados con ella (conexión consciente y subconsciente). Es "el punto de referencia" (u origen), es también el punto de partida de lo que podríamos llamar paradigmas, una forma de mecanismo consciente que nos empuja a actuar de un modo u otro, tomando prestado un determinado patrón de comportamiento vinculado a un grupo social.

Dependiendo de sus antecedentes, usted ha aprendido a leer, escribir, creer y prohibir, ya sean de origen étnico, religioso o cultural.

Se te enseñan sistemas de valores, ya sea por dinero o moral, nociones de lo que está bien y lo que está mal, respeto por los demás.

En nuestra mente se sembró una semilla, regándola con nueva información, que dio ya sea un magnífico roble, o un sauce llorón (para hacer una pequeña analogía entre la fuerza y la fragilidad).

Para seguir desarrollando el principio del árbol, te recomiendo que leas el libro de *Max Piccinini "Success Max"* (no digo más).

Conexiones neuronales

Nuestro cerebro está formado por una maraña de redes intercomunicadoras, en las que miles de millones de piezas de información circulan cada segundo y todas tienen funciones bien definidas.

Algunos nos permiten hacer funcionar nuestro cuerpo señalando nuestras necesidades fisonómicas, como beber, comer o dormir, otros nos permiten movernos, caminar, agarrar objetos, sentir dolor o placer. Están ubicados en la corteza del reptil (o cerebro primario), es la primera capa de nuestro cerebro y es lo que permite que nuestra estructura orgánica interactúe con el subconsciente, cuando tu cuerpo necesita agua para hidratarse, envía una señal a este último para indicar que está sediento.

Luego, la corteza límbica viene a cubrirlo, almacena toda la información de nuestra vida, todo lo que hemos aprendido, el campo de valores se encuentra en esta parte. Cuando recuerdas un evento, es a él a quien llamas, es también el asiento de la mente subconsciente. En esta misma corteza se registra nueva información, y se hace la combinación de datos antiguos y nuevos y se interpretan (conciencia) o se combinan para crear una nueva situación en su mundo interior (inconsciente).

Y finalmente, la neo corteza cubre la corteza límbica, es en esta parte donde penetra la información nueva cuando la mente está despierta, y también es el lugar de las interacciones externas. Nuestro cerebro funciona a través de estos tres niveles: la información ingresa, se trata y valida o no como último recurso. Esto se denomina pensamiento, una comunicación entre información entrante e información más antigua, o una comunicación entre dos elementos existentes en su subconsciente, para crear algo nuevo, llamado imaginación.

Si, por ejemplo, ves un documental sobre el Caribe en la televisión, lo equiparas con placer, y tus emociones se despiertan, tienes el deseo de hacer las maletas e irte de vacaciones, pero no tienes los medios financieros para hacerlo. La información entra y es procesada por la mente subconsciente que sopesa los pros y los contras, por lo que ya sabes, el estado de tu cuenta bancaria, quién alimentará al gato, defiendes tu caso ante el juez (tu subconsciente), los abogados se declaran, uno está a favor (tu inconsciente), y formula muchas estrategias para lograrlo, y la otra contra (su conciencia), muy realista, se basa solo en la realidad, cada uno de ellos enumera su versión de los hechos, pero el juez da su veredicto, el viaje imposible debido a la falta de medios financieros, el presunto está condenado a quedarse en casa.

Por supuesto, su mente subconsciente no solo se trata de dar puntos buenos y malos, sino que al cavar un poco más profundo, le dará soluciones para llegar allí en los años venideros. Pasamos de *"No puedo hacerlo por ..."* a *"¿Cómo puedo hacer eso?"* . El inconsciente tendrá tiempo para preparar su declaración. Se hacen conexiones, en relación con lo que sabemos y lo que aprendemos, es como una adición que da un resultado. Actuando en la más total ignorancia, al no recurrir a sus conexiones neuro-asociadas se vuelve inconsciente, sin pensar en su cuenta bancaria, sin pensar en su gato, yéndose a la aventura como se resume en algo irreflexivo, un hecho que no pasa por la conciencia.

Conexiones sensoriales

Están inscritos en la corteza reptiliana, nuestros cinco sentidos se despiertan en relación con ellos, lo que vemos, lo que tocamos, lo que sentimos o escuchamos da nueva información al subconsciente. Cuando nos enamoramos, nuestros sentidos se despiertan en esta parte del cerebro, si nuestros ojos ven a una persona bonita frente a nosotros que transmite información a nuestro subconsciente, este gran centro de procesamiento de la memoria, que lo asocia con el placer. Responderá con estímulos a nuestro cuerpo, sudoración, palpitaciones, etc......

Estas conexiones nos permiten apreciar o no el mundo que nos rodea, siempre refiriéndonos a información más antigua, asociando los datos entrantes con dolor o placer. Pero para ello, si un individuo no conoce estas sensaciones, como el calor o el frío, cuando las descubre, se convertirá en el punto de referencia, por ejemplo, hace varios años (mucho antes de que se inventara el frigorífico), muchas poblaciones que viven en un clima ecuatorial no tenían idea de lo que podrían ser las temperaturas invernales, sus cuerpos no estaban acostumbrados a ello, pero aún así tienen esta capacidad de adaptación, dando a veces el punto de referencia.

Al transponer al mundo real, supongamos que el banco *«Radin»* le llama para que revise un expediente de préstamo, el significado utilizado es escuchar, la información se transmite a la vista que identifica el cajón que se va a abrir, y luego se transmite a la mano que hace el gesto de llegar al mango de ese cajón (tocarlo). Estos tres sentidos se comunican entre sí, la mano toma la hoja, la toca, da la información a la vista que identifica el documento, y luego llega a las cuerdas vocales para transcribir lo que la vista le transmite.

Lo que también es extraordinario es que estos tres sentidos siguen más o menos el mismo camino que conduce al punto de origen, el subconsciente, el gran centro del procesamiento de la información. Él aplica un juicio de valor a la información que le dan nuestros sentidos. Mejor aún, aquí llego al significado de mi libro, es que este centro de almacenamiento puede ser modificado, crear nuevas conexiones y silenciar las viejas. Tomar libros del "*infier-no*" y ponerlos en el *"cielo"*, y viceversa, aunque otras obras quedarán en las mazmor-ras.

La intercomunicación de la información

La información recopilada se entrelaza con información más antigua, dándoles una interpretación, funciona así:

Aquí hay una tabla codificada por colores que muestra las interpretaciones hechas por nuestro cerebro.

Punto de origen o información antigua	Nueva información idéntica	Interpretaciones basadas en información antigua y nueva
Rojo	Amarillo	Naranja
Azul		Verde

La primera columna representa la información antigua, lo que ya has aprendido, lo que tu mente subconsciente ya ha procesado, es tu punto de origen, todos los datos ya recopilados e interpretados.

La segunda representa nueva información, si el enlace se hace con el punto de origen, se construirá una interpretación de la información a partir de ella. Si sigue siendo inexistente en su mente, será tratado como es, es información en bruto, lo que no excluye que estos nuevos datos provengan de alguien que ya ha hecho su propia interpretación, puede ser un escritor o un filósofo que ya tiene sus propias opiniones y le pide que federe, en este caso muy preciso, el vacío se llena con un dato básico (o referencia).

La tercera columna es el resultado obtenido entre las dos, podemos traducirla como una opinión favorable o desfavorable, y todo esto viene de su conciencia.

Lo más revelador es hablarte de condicionamientos sociales, si vives en un ambiente modesto, tus opiniones están dirigidas hacia el socialismo, de lo contrario, si evolucionas en un mundo más bien liberal, tendrás opiniones orientadas hacia el capitalismo, te aseguro que esto es a modo de ejemplo, sabiendo que las opiniones son específicas para cada uno.

Para los socialistas y capitalistas, hay un solo producto de la marca "UNTEL", uno dirá que este producto es demasiado caro, el otro dirá que es de buena calidad. Retomando nuestra famosa pintura, vamos a sustituir los colores por el ejemplo que acabo de dar.

Punto de origen o información antigua (opiniones)	Nueva información idéntica	Interpretaciones basadas en información antigua y nueva
Socialista	Marca "UNTEL"	Demasiado caro
Capitalista		Producto de calidad

Por la misma información dada, dos individuos reaccionarán de manera diferente según sus conocimientos, su experiencia y su origen social y cultural.

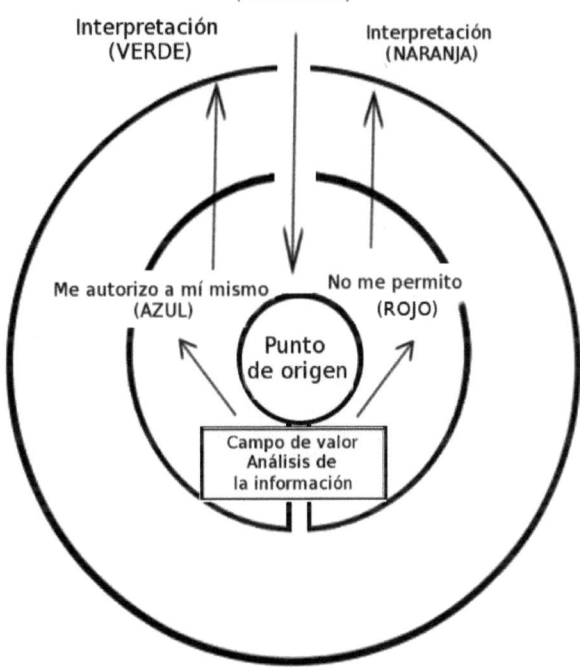

Nueva información
(AMARILLO)

Interpretación
(VERDE)

Interpretación
(NARANJA)

Me autorizo a mí mismo
(AZUL)

No me permito
(ROJO)

Punto
de origen

Campo de valor
Análisis de
la información

Conexión

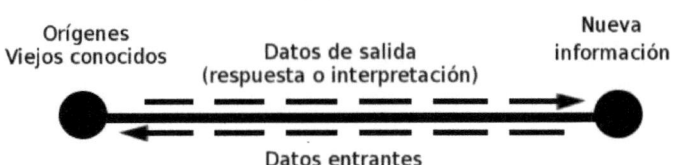

Orígenes
Viejos conocidos

Datos de salida
(respuesta o interpretación)

Nueva
información

Datos entrantes

Saber cómo nombrar las cosas

El subconsciente necesita información para establecer la conexión entre lo que sabemos o no sabemos y el objeto que se nos presenta. ¿Sabes que los *inuits* saben cómo nombrar la nieve de diferentes maneras? Gracias al conocimiento que se ha transmitido de generación en generación, pero con respecto a las armas de fuego, en los días de los pioneros de América del Norte, no sabían su utilidad, porque no se establecía ninguna conexión cognitiva entre su conocimiento ancestral. Y las armas de fuego, terminaron dando sentido a ese objeto, así como una definición. "*Instrumento que causa la muerte*", de todos modos, un arma (en sentido amplio) es sinónimo de muerte en la mayoría de los casos.

Los caminos de nuestro cerebro

La información puede seguir tres vías de acceso diferentes :

- de subconsciente a consciente:

Cuando se trata de llamar a tu memoria, por ejemplo, cuando alguien te pide que recuerdes un recuerdo de tu infancia, respondes directamente buscando información escrita en la mente subconsciente.

- de subconsciente a inconsciente:

La información antigua y nueva crea algo nuevo por asociación, por ejemplo, si imaginas el fuego con la sensación de frío, por supuesto, no existe en el mundo real, pero los estímulos sensoriales y visuales son conocidos por tu subconsciente. Una persona ciega desde su nacimiento solo puede conocer las sensaciones de calor y frío, pero puede imaginar de acuerdo con la información recogida por el oído, de aquellos que la rodean. Para una persona que es ciega en su vida, la información sigue existiendo, un amigo le dice "ten cuidado con el fuego frente a ti", sentirá el calor y lo asociará con una imagen mental de llamas.

- subconsciente a consciente e inconsciente:

Gracias a su capacidad de almacenar combinaciones neuroasociadas, esto es lo que nos permite crear a partir de información real. La mente subconsciente proporciona al inconsciente los datos viejos y nuevos que le proporciona la conciencia para poder imaginar algo nuevo. Cuando una persona nos hace una pregunta sobre nuestras vidas, y mentimos sobre nuestro pasado, pasa por la misma red.

Para ser más precisos

La conciencia

Es lo que nos permite interactuar con el mundo exterior, y da la información a la mente subconsciente que la procesa según datos antiguos. Es el asiento de nuestros pensamientos.

El inconsciente

Es lo que nos permite hacer combinaciones neuroasociadas con información vieja y nueva, interactúa con nuestro mundo interior, es lo que nos da poder creativo al referirnos al subconsciente.

La mente subconsciente

Es una base de datos donde se almacena toda la información recogida por nuestro mundo interior y exterior. Es aquí donde se alojan todos nuestros recuerdos, así como las neuroasocitividades creadas por el consciente y el inconsciente.

Uno piensa, las siguientes tiendas y la tercera se imagina.

CIRCULACIÓN DE LA INFORMACIÓN

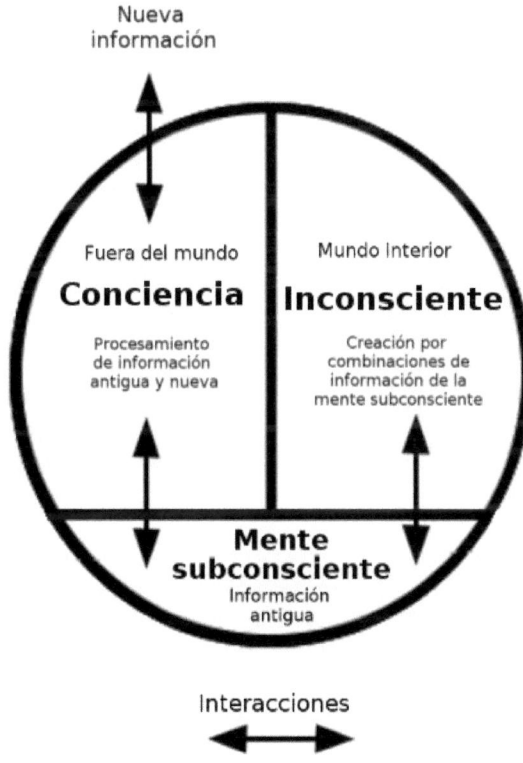

Percepciones neuroasociadas

Si te digo "lugar celestial", ¿en qué estás pensando? ¿Y qué significa para usted el término "riqueza"?

Todos tenemos diferentes maneras de pensar sobre estos términos, de sentir su impacto en nuestras mentes.

Les daré algunos ejemplos:

Jacques, que es parisino, sueña con irse de vacaciones al extranjero, todos los días va al trabajo, en el camino, ve la Torre Eiffel, un monumento al que está acostumbrado a ver, es parte de su vida diaria. Incluso tomando el aire en el balcón. Sus pensamientos no están orientados hacia este edificio de acero, piensa en las Indias Occidentales, se escapa de su mente y piensa en las cosas maravillosas que podría hacer en esos lugares, incluso tiene un cartel colgado en su habitación. Palmeras y una playa de arena blanca.

En otra parte del mundo está Simon, un joven antillano que sueña con ir a Francia, en eso está pensando. Donde vive, es solo miseria y todo lo que se le propone, son pequeños trabajos, piensa que todos sus problemas se resolverán una vez allí. En su habitación, tiene un póster de la Torre Eiffel, para él, en comparación con su vida actual, es un paraíso, se imagina que ganará mucho dinero una vez allí.

Perspectiva ....

Hay una diferencia notable entre lo que sabemos y lo que nos gustaría, idealizamos imágenes que no son reales, Jacques considera su propio infierno en la forma de París, con sus subterráneos, su estrés, sus atascos de tráfico, son referencias que ha adquirido durante mucho tiempo, por otro lado, Simón no conoce este "París", para él, todo es hermoso y endulzado allí. Lo que a una persona le parece un infierno, a la otra no lo es. Cada uno tiene su propia concepción del infierno o del paraíso, hay un límite entre ambos, es la imaginación.

Todos soñamos con algo mejor, pero una vez que lo conseguimos, tenemos la información que necesitamos para hacer nuestro propio juicio sobre los valores, para felicitarnos o para arrepentirnos.

Otro ejemplo: he visto un informe en un cuartel sobre voluntarios en el ejército durante mucho tiempo. Durante una de las maniobras, un grupo de jóvenes consumió alcohol oculto en botellas, un residuo de vino utilizado durante un evento interno en el cuartel.

Cuando los jefes descubrieron esto, todos los jóvenes soldados fueron invitados a reunirse. Se les ordenó que presentaran su botella y la vaciaran delante de ellos. Los que realmente tenían vino en él eran apartados y castigados severamente, porque en el ejército es considerado un crimen.

En este documental, había una escena en la que un sargento jefe había llevado a uno de los jóvenes a un lado y le había dado un sermón.

Esta escena se ha repetido muchas veces en las redes sociales, frente a espectadores hilarantes. Se han hecho parodias. Aunque la situación era graciosa, no lo era para el Sargento Mayor, que tenía la responsabilidad de supervisar a estos jóvenes, y el soldado, aterrorizado, habiendo entendido su error, que se dejó adoctrinar por su grupo.

Todo esto para decirles que hay una diferencia entre lo que vemos u oímos, y lo que experimentamos o sentimos. En el caso del Sargento Primero o del joven, ¿cómo habrían reaccionado algunos de los espectadores? ¿Se morirían de miedo como el soldado? ¿Estarían molestos como el superior inmediato? Esto demuestra que una sola pieza de información que falta puede perturbar todo lo demás, que un actor no es un espectador. No hay una conexión neuroassociativa del dolor con lo que puedes ver u oír, no hay sentimiento.

Cuando todavía estaba en formación para mi Certificado Profesional de Enseñanza en Contabilidad, nuestra clase tuvo que hacer una presentación. Discúlpeme si no recuerdo las circunstancias exactas, pero fue en relación con mi título que tuve que conseguir. Cuando me tocó a mí, me puse delante de los otros estudiantes y te garantizo que no hay nada más estresante que una audiencia mirándote, ¿qué dices en ese momento? "¿Qué pensarán de mi actuación?" Estaba sudando y tartamudeando, en resumen, un verdadero desastre. Me estaba centrando más en los juicios de los demás que en mi propio texto que tuve que leer, así que uno de ellos finalmente respondió (aunque no en los términos exactos) "*¡fue patético!*" Me hizo sentir un poco incómodo con el tipo de respuesta que le di: "*¡La crítica es fácil, el arte es difícil!*"

Poco después, salí de la habitación, disgustado con este tipo de comportamiento y decepcionado con mi propia actuación. Mientras esperaban los resultados en otra habitación, algunos estudiantes se me acercaron y me dijeron: "*Debiste haber escuchado al que dijo que tu ac-*

tuación no era convincente, no funcionó me-jor". (Por respeto a los otros estudiantes de la época, no. No revelé un nombre), me mostró que no todos piensan lo mismo, los que vinieron a unirse a mí estaban tan disgustados como yo con su comportamiento.

Todo esto para decir que quienquiera que encontrara mi actuación desastrosa se encontraba exactamente en la misma situación que yo, pasando de espectador a actor, así que ¿por qué lo hizo? ¿Para ahuyentar a los demonios de su propio miedo sobre mí? ¿Para hacer algo interesante? ¡Probablemente nunca lo sabré!

La percepción neuroasociada puede tomar varios aspectos, al asociar nuestro conocimiento con el mundo exterior, proporcionando nueva información, pero también una nueva interpretación de lo imaginario (el inconsciente).

Esto es también lo que sucede cuando alguien crea un personaje. Tomemos el ejemplo de un individuo que ha visto varias películas de guerra, desde *Rambo* hasta *Apocalypse Now*, y ha seguido muchos documentales sobre el ejército. No lo hace esencialmente por placer, aunque le dé placer, sino que se identifica con alguien que no es. Se idealiza a sí mismo creando su propio personaje, dando información a su subconsciente, y la imaginación hace combinaciones neurológicas asociativas a través de ellas. Aprenderá cómo funciona un rifle de asalto, todo sobre el equipo del soldado, para crear una memoria, teniendo una percepción del soldado como una persona valiente, que no tiene miedo, pero carece de experiencia en el campo. Ciertamente, él sabrá todo lo que necesita saber, de todos modos, hay suficientes videos circulando sobre el tema, pero cuando se enfrenta a la realidad, si estalla un conflicto, descubrirá algo que no previó en su "llamada" vida valiente, el instinto de preservación.

Hay un gran vacío en lo más profundo de sí mismo que llena de información falsa, esta necesidad de sentirse importante a los ojos de los demás, es el fruto del inconsciente y no del subconsciente, es la imaginación la que domina sus mentes, y por la fuerza de la repetición, el riesgo es terminar ahogado por su propia mentira, encarcelado en una vida que no ha vivido, lo que puede llevar a la confusión mental y a la locura.

He conocido a personas que han estado involucradas en conflictos externos, generalmente tienen buenos recuerdos de ellos a nivel de grupo, pero no quieren hablar de ellos. ¿Dónde está el mérito cuando tomas la vida de alguien y arriesgas la tuya? Quieren olvidar lo que pasó, algunos todavía tienen pesadillas, hay algo roto en ellos, y para otros, la experiencia los ha endurecido, queriendo compartir su experiencia con fines preventivos.

Recuerdo a un soldado que se ofreció como voluntario cuando yo estaba al servicio nacional en 1999, cuando todavía había conflictos por la partición del territorio de Kosovo. Era un sargento a cargo y formaba parte del personal, pero a pesar de su rango, puedo decirle que lo vi temblando, sin saber dónde iba a aterrizar, en qué terreno. Su temor aumentó cuando recibió sus placas de identificación con su tipo de sangre, así como los documentos que tenía que firmar relativos a las personas que debían ser informadas en caso de muerte. Al mismo tiempo, estaba preocupado por lo que iba a pasar, estaba completamente desconectado de la realidad, su rostro se había blanqueado por el miedo, tratamos de hablar con él, nos contestó: *"¡Cállate! ¡Me estoy concentrando!"* Este sargento estaba completamente encerrado en sí mismo, como un caracol envuelto en una concha.

No tenía ni idea de lo que iba a pasar, ni de cómo iba a asumir su papel, una pesada responsabilidad recaía sobre sus hombros.

Entre imaginar una guerra y hacerla, hay un amplio margen, y los que han regresado de ella se transforman para siempre, teniendo que sospechar día a día como si fuera la última, temerosos de recibir una bala perdida de un francotirador. Esto es lo que pasa en cualquier conflicto, los soldados vuelven mentalmente marcados para siempre.

Generalmente, estas personas no hacen ninguna gloria de ello, no como este tipo de individuos que se presentaron un día en la casa de mi hermano, era una persona del vecindario que decía haber luchado en la guerra, que lo vio y experimentó todo, sucedió hace unos diez años (alrededor de 2008), llevaba un traje que lo hacía parecer más un vagabundo que un suboficial mal cuidado, y las filas no correspondían en modo alguno a lo que él decía, porque tenía las filas de cabo mayor, mientras que él decía ser teniente.

En nuestras vidas, nos encontramos con todo tipo de personas afabuladoras, pero si nosotros mismos ya hemos experimentado este tipo de situaciones, es fácil detectar el engaño.

Lo que tenemos que decirnos unos a otros es que son personas infelices que acaban siendo absorbidas por sus mentiras y, sobre todo, acaban solas.

¡Solo salgo con gente auténtica y huyo de los demás! También, conviértete en esta persona auténtica, por el camino del conocimiento y de la verdad.

CAPÍTULO 2: LAS LEYES DE LA MENTE SUBCONSCIENTE

«Las leyes del universo son una simple construcción de una parte del cerebro, mientras que los hombres y las sociedades obedecen más a sus pasiones y prejuicios. »
(Marc Gendron)

La mente subconsciente se rige por cinco leyes principales, la del equilibrio, el conocimiento, la continuidad, la repetición y la perseverancia.

Si sigues los principios que siguen, obtendrás todo lo que la vida tiene para ofrecerte, tendrás que sacar de tu fuerza interior, la que encuentres que te mantiene en marcha.

Cuando era más joven, durante mi servicio nacional, hice maniobras en Valdahon, durante este período, mi escuadrón y yo tuvimos que establecer nuestro propio campamento en el bosque, de hecho, era una verdadera escuela de la vida.

Un día, tuvimos que volver a la base, pero a pie. El camión que nos conducía se había ido el día anterior, estaba nevando mucho, y sin demora, habíamos hecho las maletas y tomado la carretera, faltando 15 km, algunos dirán que es una broma, en verano, podríamos considerar esto como una caminata saludable, pero solo tratar de hacerlo sobre nieve que ralentiza los escalones considerablemente. Los guardaparques estaban empapados y parecían pesar varios kilos, sobre 30 cm de nieve, cuanto más avanzábamos, más nos quedábamos atascados.

Los instructores nos habían pedido que nos quedáramos en una camiseta, equipada con todo el equipo que usamos para armar el campamento, nuestras mochilas con todas nuestras durmiendo y cambiando el equipo, el casco cubriendo la parte superior como una cereza en una torta, y la correa del fusil cubriendo nuestro hombro.

Poco a poco avanzábamos sobre este terreno cubierto de nieve, con los pies doloridos y todo el equipo que pesaba sobre nuestras espaldas. Nuestras camisetas estaban mojadas, y la correa de nuestra pistola las frotaba, causando irritación. Durante la noche, habíamos dormido muy poco, cada uno tenía que hacer su turno. Estábamos en mal estado para enredar esta marcha, que parecía interminable, física y mentalmente, lo estaba intentando. Lo que nos ha permitido mantenernos es esta fuerza interior, que se manifiesta con mayor frecuencia en casos extremos, sin dejarnos otra opción que seguir adelante.

Cuando buscas en tu interior todos los recursos necesarios, todo sigue siendo posible. Da un paso y luego el siguiente, pensando que ya casi llegamos.

En esta pequeña anécdota, voy a hacerte esta simple pregunta. *"¿Por qué diablos te rindes tan cerca de la meta?"*

No voy a repetir todo mi libro "Éxito Garantizado", pero puedo proporcionarle información que le servirá toda la vida: *"¡Nunca se deje abrumar por los acontecimientos externos!"*.

Cualquiera que sea la situación, no debe permitirse hundirse. Por supuesto que su situación es demasiado difícil de resolver, por supuesto que le parece insuperable, pero si cambia su forma de pensar, evitará que su barco tome agua antes de que el barco llegue a su destino en la tierra prometida.

Si tengo algún consejo muy bueno para ti, ¡nunca hables en términos de *"Problemas"*! ¡Tacha esto de tu lista psicológica y reemplázalo con el término *"Soluciones"*!

En el trabajo, no se deje impresionar por la masa de documentos en su escritorio, sea metódico y dígase a sí mismo: "¿Por dónde empiezo? " ¡Los grandes líderes de este mundo nunca encuentran un problema, y si alguna vez quieren llegar a serlo, hagan lo que ellos hacen! actúen en consecuencia sin preocuparse por la dificultad, si ven la pared, encuentren una manera de sortearla o superarla.

Es difícil, lo entiendo, pero es sobre todo porque escuchas demasiado a tu pequeña voz interior, demasiado acostumbrada a tus viejas creencias, sabes que a pesar de todas las dificultades de la vida, siempre hay una solución, y a la inversa, cada ventaja esconde una parte de los inconvenientes.

La ley del equilibrio

Esta es la ley principal que está directamente relacionada con el fenómeno del atractivo, y es la fase importante de la reprogramación de la mente subconsciente.

Atraemos hacia nosotros lo que pensamos y sentimos. Pero tu mente, demasiado acostumbrada a ver solo el lado malo de las cosas, no lo cree demasiado. Además, algunos no se atreverán a probar la experiencia del cambio, porque están demasiado dominados por el miedo, inmersos en una zona de confort, es decir, la correcta suficiencia de nuestra existencia, metro, trabajo, sueño, en otras palabras, rutina. Hay este miedo dominante de alcanzar a otros, y a través de sus ojos, tienes una percepción negativa de ti mismo, y será leído en tu cara.

¿Alguna vez te has preguntado si eran ellos los que carecían de confianza? ¿Y si están celosos? Es difícil para ti percibirlo, porque estás enfocado en ti mismo y en el miedo a ser juzgado.

Mientras que si imaginas a los demás como tus iguales, los atraerás hacia ti tratando de entender lo que está sucediendo en sus cabezas, habrá un fenómeno de conciliación psíquica.

¿Por qué te estoy contando todo esto? Porque en el mundo en el que vivimos, todos tenemos un ego (enorme o no), y tenemos todos necesitan ser amados y considerados.

Toma la situación al revés, si tienes frente a ti a una persona que está interesada en quien eres, que entiende tus problemas, te parecerá empática, la percepción que tendrás es la simpatía. ¿No te gustaría ser ese individuo apreciado por quien es?

Cuando ignoras a todo el mundo, trae todo de vuelta para ser notado y pasar tu tiempo criticando a los demás, no te sorprendas de ser ignorado a su vez, de ser criticado y de ser visto como egoísta. En la dirección opuesta, ¿cómo verías a esta persona si él o ella viniera a ti?

El interior debe "sudar" hacia afuera, tanto hacia afuera como hacia adentro, todo lo que se contempla, las personas que se encuentran, los eventos que ocurren, todos los cuales provienen del mundo real (el exterior) tienen un impacto directo en el subconsciente.

Lo que algunos percibirán como bueno, no lo percibirá todo el mundo. Nosotros mismos, en relación con nuestro resentimiento hacia el mundo exterior, y "*suda*" hacia los demás.

Lo mismo es cierto para los eventos, su entorno y las cosas que posee, usted hace una estimación incorrecta de ellos. Ama lo que tienes, siente la riqueza de este mundo, hay mucho tesoro por descubrir, considera que cada evento en tu vida puede tener un impacto positivo. Háganse ricos interiormente en cultura, en conocimiento del mundo, todavía les quedan tantos años hermosos por vivir, tantos por descubrir, cuando vean lo que yo llamaría "*la ganancia*" o "*el beneficio*", su magnetismo natural atraerá hacia ustedes todo lo que desean, la buena gente, los buenos acontecimientos, y los objetos tan esperados.

Hay equilibrio desde el momento en que tus pensamientos de la mente subconsciente se alinean con el mundo exterior, para bien o para mal. Para decirlo de manera sencilla, para aquellos que conocen las expresiones "*ver el vaso medio vacío*" o "*ver el vaso medio lleno*", hay que ver el simbolismo en él. Cuando piensas que está vacío, piensas negativamente, porque tu mente subconsciente está orientada hacia la carencia y la privación. Mientras que si lo ves medio lleno, se orientará hacia la riqueza, la ganancia, el beneficio.

El mundo que nos rodea es el mismo para todos, lo que está cambiando es la percepción que tenemos de él para bien o para mal. Hace tiempo que te has acostumbrado a estar en un patrón de negatividad y falta que todo lo que estás leyendo actualmente te parezca absurdo, es la verdad que te da tu subconsciente, lo que pasa cuando crees que no tienes suerte, que todo lo que intentas nunca funcionará, porque tu vida te ha acostumbrado a esta convicción interior.

Para demostrártelo, por ejemplo, cuando trabajas y te informan del salario que recibirás, tienes la seguridad de tener esta cantidad a fin de mes, esta expectativa es una certeza, tu mente está en lo cierto y contenta con este salario, es cierto y claro que esto sucederá, es un verdadero acontecimiento futuro, pero cuando se supone que se quiere ganar un millón de euros, es un futuro ficticio, es la imaginación la que funciona, aunque lo imagines duro, no va a ocurrir, porque en tu interior no hay convicción íntima.

Al igual que en los juegos de azar, las probabilidades de ganar sumas que van de 1 a 30€ son más frecuentes que las de ganar 5000€. ¿Por qué? Porque hay una diferencia entre lo que puedes ganar y lo que quieres para conseguir más, uno se orienta hacia la habitual suficiencia de su mente, está familiarizado con esta verdad, hace un trabajo, o incluso pide asistencia social, está en acción. Al salir de su zona de confort para obtener más es también en la acción, y sobre todo en la interacción.

Es más fácil para ti acceder a lo que es cierto, es tu mente subconsciente la que lo afirma, no solo que solo tendrás esas cantidades, sino que nunca has tenido suerte, en tu interior, es una afirmación.

Es muy importante recordar lo que te estoy diciendo sobre estas líneas, entenderás por qué algunas personas tienen suerte, mientras que otras todavía están trabajando duro para obtener un ingreso escaso y se sienten desafortunadas.

Es que estas personas que ves en tu vida han orientado sus mentes hacia la suficiencia y la abundancia, son felices con lo que tienen, felices en la vida, mientras que otros son infelices porque no están satisfechos con lo que tienen y siempre quieren más, siempre están necesitados, un televisor nuevo, una casa, un auto deportivo, no hay nada malo en tener sueños hechos realidad, pero cuando eres infeliz en tu vida, es primero porque te has acostumbrado a los celos y a la envidia, hay una forma de celos, a menudo para criticar a los que se las arreglan solos, pero no digo esto para todos. Ciertamente me dirá, hay familias ricas y los niños pueden disfrutar de su riqueza, yo le respondería que precisamente, han estado inmersos durante mucho tiempo en este esquema sociocultural, la riqueza siempre ha estado presente en sus vidas, están satisfechos con lo que tienen.

Otros lucharon y creyeron firmemente en lo que estaban haciendo, Soprano, Charles Aznavour, Line Renaud, Florent Pagny, tenían la íntima convicción de que lo lograban creyendo en sí mismos, nada era fácil para ellos, pero se aferraban con un estado de ánimo orientado a la abundancia, tenían algo que aportar, una voz, un mensaje que enviar. Si se hubieran quedado en casa y se hubieran quejado, diciéndose a sí mismos: "Es demasiado duro, no puedo hacerlo", ¿crees que habrían dejado una huella en la tierra? Y tú, ¿qué tienes que traer a este mundo? Conocían su situación y eran felices a pesar de lo que tenían, su alegría, su entusiasmo transpiraba afuera. Se han embarcado en carreras que conocemos con la convicción íntima y profunda de que tendrán éxito.

Como escritor, mi deseo es llevar un mensaje al mayor número de personas posible, me pongo en el lugar del lector que quiere descubrir respuestas, no estoy orientado a la necesidad de vender mi libro por dinero sino a compartir lo que ya tengo dentro, tengo conocimientos y experiencias que me gustaría compartir, ese es mi objetivo como autor.

¡Disfruta lo que tienes y el mundo que te rodea, deja de quejarte y no lo hagas no limites tu mente a una zona de confort que no te guste! Tener una meta en mente con la firme creencia de que funcionará, eliminar las barreras de la duda y el miedo.

Esto resume la ley del equilibrio, cambiando la percepción del mundo exterior dentro de ti. Sois ricos y todos tenéis algo que aportar al mayor número de personas.

No te comportes como un pobre, siempre necesitado, con la mano extendida hacia arriba, pidiendo ayuda o quejándote de tu condición, y actúa como un rico que no necesita nada y que se beneficia de las riquezas de este mundo, sé feliz con lo que tienes, aunque no sea lo ideal para ti, reconsiderad los acontecimientos, las cosas que os rodean, y tendréis una nueva mirada sobre todo lo que os rodea, tanto en las relaciones humanas como en la energía, dádselo a los que están debajo de vosotros, necesitados, y el mundo os mirará de otra manera, vuestra aura brillará, lo que liberéis de vosotros solo será positivo. Si eres rico por dentro, serás rico por fuera cultivando un nuevo estado de ánimo.

La ley del conocimiento

La televisión está en BFMTV, un canal de noticias continuo, en las noticias hay una manifestación en el Gran Lille sobre los planes de reestructuración de una fábrica de neumáticos, el personal está muy preocupado por su futuro. El Primer Ministro está en marcha para negociar con los sindicatos, llega en coche bajo el abucheo de los empleados, tan pronto como ha llegado, es glorificado con todos los nombres de los pájaros, teniendo que hacer su camino, es inmediatamente interrogado por los periodistas sobre el terreno:

- *Ministro, ¿cuál es el propósito de su visita?*
- *Hemos tomado todo el alcance de la cuestión, y he venido personalmente en nombre del gobierno para negociar con las partes implicadas (sindicatos y directores de obra).*
- *¿Qué respuestas le gustaría dar a todos los empleados de la planta?*
- *Se discutirán en la entrevista que tendré dentro de unos minutos sobre la reclasificación de algunos trabajadores.*

En esta breve respuesta, el Primer Ministro se desplaza al lugar de las negociaciones con los sindicatos y los responsables de las obras, y toda la entrevista será comunicada a los empleados.

Se consideró una reducción del 20% en el personal, pero esta cifra fue reportada en un 10%. Esta parte del personal tendrá un plan de reclasificación, mientras que otros solo tendrán que registrarse como desempleados.

Solo entonces, los que queden serán los principales actores de la fábrica, un puñado de trabajadores, y el resto representará a los gerentes, ejecutivos y al líder.

Estos mismos trabajadores que se encontraban en paro ya no tenían ninguna visión de futuro, la mayoría de los cuales solo conocían esta empresa desde la adolescencia, y ni siquiera se veían a sí mismos en otro lugar, porque esperaban quedarse hasta la jubilación.

Su único punto de referencia era esta fábrica, o ya no querían ir a trabajar a otro lugar, o carecían de los conocimientos necesarios. La mayoría de ellos han dejado de estudiar muy pronto y nunca han tenido la posibilidad de escribir una carta de presentación o un currículum vítae. Tenían muy pocos conocimientos en otros oficios, ninguna experiencia en otros lugares. Muy pocos han seguido leyendo libros para enriquecer sus conocimientos, estos últimos se han salvado gracias a ello, han recuperado la ventaja sobre la situación.

Cuando fallamos en aprender, aparte de leer VSD o Paris Match (no veo cómo el matrimonio del Príncipe William ayudaría de alguna manera en una gran mayoría de situaciones), nos sentimos ignorantes, tendemos a dejar de pensar *"¿por qué molestarse?"*

Pero por otro lado, cuando enriquecemos nuestro conocimiento, nuestra fuerza interior crece. Sentimos que podemos superar los acontecimientos, para que lo imposible se haga posible. Leer libros para aprender economía, ciencias, francés o matemáticas es siempre importante en este mundo, da la sensación de ser menos nulo.

Esta cosa que mucha gente dice es *"¡es aburrida! "* Otros se dicen a sí mismos, afortunadamente, que me he recuperado, y nunca es demasiado tarde para controlar las cosas, nada se pierde, a menos que nuestra mente subconsciente nos lleve a creerlo.

Además, les diré una cosa, hablando de programas, para los que ven partidos de televisión como "*Les douze coups de midi*" de *Jean luc Reichmann*, había un jugador llamado Christian Quesada que ganó casi 800.000 € antes de ser destronado por un candidato, 193 actuaciones en el programa, fue apodado "el maestro", pero ¿de dónde venía todo este conocimiento? Christian Quesada tenía muchos problemas, estaba desempleado en el momento de su primera presentación, pero era una persona muy educada, lo que le permitió ser seleccionado para el espectáculo.

Para aquellos que nunca han prestado atención a este detalle, ¿cuántas personas de la clase obrera han participado en este programa? Muy pocos, en comparación con los maestros, directores o gerentes de alto nivel.

Esto no se debe a que la cadena denigre al mundo de la clase trabajadora, y mucho menos, se debe principalmente a que, antes de aparecer en este tipo de programa, siempre hay pruebas de selección antes de obtener lo que podría llamarse el famoso "sésamo audiovisual", ¿crees que habla este ejemplo?

Ahora ya sabes lo que tienes que hacer, no tengas miedo de abrir libros, aunque no compartas todas las opiniones de los autores (porque cada uno piensa diferente), variando tus lecturas, tendrás una base sólida de conocimientos, y podrás volver a sacar provecho en todas las situaciones.

Otra situación que aprendí de los afortunados ganadores del juego, los que se hicieron millonarios por su culpa, no permanecieron así por mucho tiempo, ¿por qué? en su mayoría no tenían la noción de dinero, era una situación nueva y perdieron el control, hicieron inversiones arriesgadas sin ningún conocimiento, se esforzaron mucho para compartir familia y amigos (es legítimo), pero no solo les trajo felicidad, entre las guerras de clanes en el seno de la familia y los amigos que los defraudaron bajo el pretexto de que se habían vuelto egoístas porque no daban lo suficiente de acuerdo a ellos, y no a todos, también hay gente de malas intenciones prometiéndole inversiones bastante caras en bienes raíces cuyo color ni siquiera veían, ni dinero, ni el bien en cuestión, los ladrones se aprovecharon de sus conocimientos para explotar a los débiles mentales, con poca información leída en internet, se encontraron después de un tiempo con un residuo que ya no les permitía llevar un gran estilo de vida, también quemaron la vela por los dos extremos, es como darle una caja de cerillas a un niño, termina quemándose los dedos.

Si tuviera que darte un consejo, si por la más curiosa coincidencia (nunca se sabe), ganas mucho dinero, te mantienes discreto e informado! Evite decirle a sus amigos o familiares, o no revelar todo el contenido de su pequeña fortuna. Esta es información que solo debe ser personal.

¡Y también, si quieres mantener tu lugar en el trabajo, ser capaz de volver a entrenar, encontrar uno para aquellos que no lo tienen, tratar de participar en espectáculos de juegos o incluso hacer buenas colocaciones con las personas adecuadas, educarse! No hay edad para empezar, tampoco hay edad para terminar (excepto en una caja de abeto, pero esa es otra historia).

La ley de la continuidad

Para los más jóvenes, que entraron en la vida profesional hace unos años, siempre pueden volver a la escuela, los beneficios no desaparecen así, pero el conocimiento se agota con el tiempo, porque pasan varios años y los mayores añaden nueva información, dominando todo lo que has aprendido.

Permítanme explicarles que tienen un documento muy importante en su escritorio que han tenido cuidado de memorizar, encima de él, otro documento completamente diferente del primero, que también deben leer, estos son logros.

A continuación, un archivo grande se coloca en los dos primeros documentos, archivos, notas internas, usted debe saber todo acerca de estas últimas llegadas.

Un día, durante una reunión, un cliente te pide que hables con él sobre el primer caso. Buscas en tu expediente en vano, pero no lo encuentras, tienes trozos y piezas, pero tienes miedo de dar información, porque mientras tanto, tenías que leer otros archivos.

Esto es lo que pasó, los logros que tuviste, no los volviste a ver y pasaste a otra cosa, en ninguna ocasión sentiste que estabas saliendo de ello, hasta el fatídico día en que te pidieron que hablaras sobre un tema tan antiguo como *Erod*.

¿Por qué? Porque no había continuidad con el primer documento que memorizaste.

Otro ejemplo: Tienes delante una pared negra con dibujos dibujados, la miras durante años hasta el día que decides pintarla de blanco con una pintura de mala calidad, la primera capa será gris oscura, la segunda será gris medio, la tercera será gris claro, y la cuarta, aún más clara para terminar con un blanco roto, necesitarás mucha pintura para cubrirlo todo. Ahora te estás acostumbrando a la pared blanca, y te gustaría recordar los patrones que estaban allí para reproducirlos en esta pared. Sin embargo, es imposible recordar exactamente dónde estaban estos patrones, usted debería haber dibujado los contornos de ellos en cada capa para mantener un trazo visible.

Tu memoria es la misma, recuerdas todo desde el momento en que mantienes una cierta continuidad. Cuando tu atención está relajada en otra cosa (una pared blanca), y la has estado mirando durante años, es imposible recordar los patrones. Por esta razón, nada debe darse por sentado y la memoria solo puede ser trabajada.

La ley de la repetición

Todos tenemos en mente una canción que nos viene a la mente, unas más fáciles que otras dada su longitud de texto, cuanto más corta es, más la recordamos.

Para este pasaje, y de acuerdo con los acontecimientos actuales, que estoy tratando de hacer, tomemos el ejemplo del cantante Jaïn. Escribe letras con melodías que permanecen grabadas en la conciencia durante mucho tiempo, la última se llama "*Alright* ", cuyas palabras y ritmo regular se impregna fácilmente en la memoria, se convierte en un bucle "*Thingsgonna be alright, things gonna be just fine* ". Escuchándolo solo dos o tres veces, queda grabado, y también tarareamos a veces. El subconsciente aceptó fácilmente esta música no agresiva desde la conciencia de que regresa a cualquier hora del día.

Este fue el caso de Patrick Hernández con el famoso "*Nacido para estar vivo*" o el título de Village People "*YMCA*" cuyos títulos se siguen emitiendo, y durante más de cuarenta años mientras escribo esta línea.

Solo para mostrarles que la información muy corta y repetida nos llega más fácilmente que la información más larga, porque no requiere un gran esfuerzo de memoria, cuando comparamos canciones con texto, también la recordamos, por la fuerza de la repetición consciente. Es precisamente esta repetición la que hace que estas músicas sean adquiridas.

A esto, añadimos conocimiento y continuidad, y tienes los primeros ingredientes para mantener el conocimiento, pero también para sentir que algo te parece fácil, porque siempre sabes.

Nuestro cerebro es una herramienta fabulosa cuando sabemos cómo usarlo, puede contener miles de millones de información por segundo, no quiero decir que sus recursos sean ilimitados, sino que son muy vastos.

No tengas miedo de aprender y aumentar tus conocimientos, mantén y practica todo lo que has aprendido, no escatimes en conocimiento, aunque a primera vista te parezca complicado, tu mente subconsciente aceptará mejor la entrada de nueva información si mantienes una cierta continuidad.

El conocimiento nos abre las puertas de un mundo infinito, puedes ser todo lo que siempre has soñado. Ahora voy a la quinta ley, la ley de la perseverancia.

La ley de la perseverancia

Lo ilustraré con esta pequeña historia:

Hace mucho tiempo, en una tierra lejana, estaba "la montaña de las dificultades". Junto a ella había un pueblo donde los habitantes vivían a su sombra.

Nadie sabía lo que se escondía detrás de esta enorme montaña, los aldeanos eran como sin vida, no conocían el entusiasmo, el lugar donde vivían era sinónimo de tristeza.

Un día, uno de ellos tuvo una visión, imaginó vastas llanuras verdes, bañadas por los rayos de una estrella luminosa, y estaba justo detrás de esta montaña. Era un joven frágil, pero seguro de sí mismo.

Entonces, sin el equipo adecuado, decidió atacar la inmensidad de esta cúpula rocosa, comenzó con lo que le cayó, y golpeaba constantemente, noche y día, con piedras en la fachada. 5000 veces, 10000 veces, continuó una y otra vez......

Los habitantes de la ciudad lo tomaron por tonto y se apiadaron de él. Sin embargo, mirándolo indefenso, le traían sustento. Algunos oraron para que se detuviera, para que no sirviera de nada molestar, para que la roca no se moviera un milímetro y, sin embargo, el joven siguió golpeando con piedras en la montaña.

Los meses pasaron y él todavía estaba tratando de romper la roca, se hizo fuerte y sus golpes se hicieron más fuertes. Si tuviera que contar todos los golpes que daba, se contaría a sí mismo en millones y millones de veces, pero aún así continuó, como si ese fuera su único objetivo en la vida. Una y otra vez, golpeó, y de repente, hubo un shock, el suelo comenzó a temblar, vino de la montaña de dificultades. Los habitantes tenían miedo y se refugiaban en sus hogares, pero lo que no vieron es esta montaña que mostraba los primeros signos de fragilidad, el hombre golpeaba constantemente. Una última antes de partir, pensando que era hora de partir. La montaña comenzaba a colapsar bajo una nube de polvo.

Una vez eliminado el peligro, los habitantes abandonaron sus hogares y descubrieron por primera vez una estrella luminosa a la que llamaron sol.

Cuando usted está involucrado en su proyecto, nada debe detenerlo, ni siquiera momentos de desánimo. Como el joven de la historia corta, ¡nunca te rindas! Incluso si las primeras señales no son visibles, cada pequeño gesto te acerca a tu meta. Incluso una montaña de dificultades no puede soportar golpes repetidos, en primer lugar, se vuelve frágil, las grietas no son visibles todavía, pero están ahí.

En momentos de duda, mantén el rumbo, eso es lo más importante. No importa lo que te digan, los habitantes de las aldeas valientes siempre te disuadirán de detenerte, solo escucha a tu corazón, si tengo que recordártelo, es tu vida, no la vida de los demás.

Recuerda todo lo que te acabo de mencionar y todos los ingredientes que te pueden llevar al éxito, es decir, el equilibrio, el conocimiento, la continuidad, la repetición y la perseverancia.

Tu subconsciente es como una montaña que hay que derribar, nunca he ocultado que sería difícil, los que dicen lo contrario te venden sueños, pero tienes que permanecer en tierra.

Pase lo que pase, y dependiendo de tu nivel de dificultad, ¡nunca te rindas! Es la pesada carga, el precio a pagar por el éxito.

Todos aquellos que empezaron de la nada, y que lo han hecho muy bien en la vida, no lo han hecho simplemente chasqueando los dedos.

Usted debe ser capaz de convencer a su subconsciente de aceptar la nueva información proporcionada, leer mucho, la filosofía, la historia, la geografía........... No hay conocimiento pequeño o grande, simplemente hay de conocimiento.

CAPÍTULO 3: TU MENTE SUBCONSCIENTE FRENTE AL MUNDO EXTERIOR

«Volví a mi memoria a la infancia, para redescubrir el sentimiento de protección soberana. No hay protección para los hombres. Una vez que seas un hombre, te dejaremos ir. »
(Antoine de Saint-Exupéry)

Su entorno

Su entorno es parte de usted, porque evoluciona con el *"metro, trabajar, dormir"*, cuando va a Internet, va al trabajo, hace sus compras, de hecho, es tan modelado en este entorno que haces las cosas inconscientemente.

Es su vida diaria y será difícil adaptarse a otro entorno, si estuviera en una isla desierta (no sabemos cómo), o en la naturaleza, se perdería, lejos de su comodidad moderna, su TV o su Smartphone.

Lejos de comprar en el supermercado, tendrás que descubrir que lo que necesitas para sobrevivir, y además de ver documentales o leer libros sobre el tema, ponerlo en práctica es otra historia, tendrás que improvisar.

Si tomamos el problema en la dirección opuesta, el caso de los individuos que viven en un medio ambiente salvaje, no habrá ninguna referencia en su subconsciente a nuestra propia tecnología, se parecerán a los niños de Navidad descubriendo sus dones, despertando su curiosidad, pero también su ignorancia. ¿Cómo es posible que hombres y mujeres se comuniquen con lo que parecería un rectángulo negro en la oreja o con los ojos fijos en ella?

Las palabras *"mensaje de texto"*, *"correo electrónico"*, *"iPhone"* son totalmente extrañas para ellos, porque no aparecen en sus referencias desde su subconsciente.

Pero con el tiempo, aprenderán sobre estas palabras y sus usos, ya que habrán entrado en un proceso de aprendizaje inconsciente. Registrarán esta nueva información en sus mentes y, una vez que hayan probado nuestra tecnología, será difícil para ellos regresar a su entorno original, intoxicado por nuestro entorno social.

Por otro lado, siempre serán capaces de sobrevivir en un ambiente hostil, lo cual es un logro de sus vidas.

Los contrastes

Mientras caminaba por las calles de cannes, Pude hacer una observación sorprendente.

En la televisión, solo vemos estrases y purpurina, hay algunos, pero no sólo eso. El mundo de Cannes me pareció muy contrastado, aparte de *La croisette* con sus hermosos hoteles y boutiques de lujo, también hay pobreza. Si alguna vez tienes la oportunidad de ir allí, a menos que ya lo hayas hecho, caminando por ahí, notarás una brecha social evidente.

Parejas muy bien vestidas, la mujer con traje de Chanel y el marido con traje de Armani deambulando por las calles entre los pobres que mendigaban. Mi percepción era sorprendente, lo que me situaba entre estas dos situaciones, entre ricos y pobres, el ciudadano de clase media. Llega a preguntarse cómo percibiríamos a estos individuos si estuviéramos de un lado u otro de estos ambientes sociales.

Por supuesto, la riqueza o la pobreza no se verían en mi cara, frecuentando grandes hoteles, pero si tuviera sus ojos, mi visión probablemente sería diferente.

Nuestro entorno cambia con el tiempo

Nuestra visión del mundo cambia con el tiempo, es como mirar a un adulto como un niño, lo vemos como un adulto, y las personas mayores parecen ser más jóvenes a medida que crecen, sin prestarle más atención.

Nos damos cuenta de los cambios físicos de alguien cuando dejamos de verlo por un tiempo, un viaje que dura un año, por ejemplo, y luego en el camino de regreso, ves a esa misma persona, parece que ha tardado diez años. Nuestra mente subconsciente estaba acostumbrada a ver a esta persona, escuchar su timbre de voz, ver los rasgos de su rostro, no lo subestimamos, porque con el tiempo, nuestra visión se acostumbra a estos cambios, hemos tenido, sin darnos cuenta, envejecido con él, y eso causa un choque al decirles «¡*se ha hecho viejo!* ».

Códigos socioculturales

Ahora, supongamos que quieres ser rico (pocos no lo serían, a menos que me equivoque), ¿cómo reaccionarías en esta nueva situación?

Es decir, y no es un misterio, que cualquier grupo social tenga lo que se llama "códigos" (de vestimenta, culturales u otros). Todos tenemos un patrón cultural, cuando nos levantamos, cuando vamos a trabajar, la empresa que tenemos, nuestra forma de ser y los lugares que frecuentamos, etc.... Todo esto forma nuestros propios "códigos".

Sería difícil adaptarse a un entorno acomodado sin conocer las bases, empezando por frecuentarlo y aprender de sus "códigos".

Ahora imagina lo que harías si tuvieras 1 millón de euros en tu poder. Viniendo de un entorno pobre y rico donde la pobreza y los problemas están a tu alrededor, tu reacción sería hacer donaciones a organizaciones benéficas o invertir ese dinero para hacerlo crecer, pero concretamente, ¿qué harías si esto realmente sucediera?

Una bonita mañana, descubres en tu buzón una carta, error o no por parte del notario, ni siquiera te haces la pregunta, tu nombre aparece en la carta después de todo, te apresuras a abrirla y ahí está la ducha fría.

En la última línea, ve una nota que dice "*suma debida: 1 millón de euros*", pero en lugar de sufrir un ataque al corazón en el centro de la sala de su edificio, sus ojos se colocan en el cuerpo de la e El correo electrónico y usted encuentran que su tío distante murió le dejó la suma de 1 000 000 euros. Al mismo tiempo, aprendes que también tienes un tío distante, la sorpresa es doble.

Entonces viene un entusiasmo muy fuerte, incluso quieres besar a la conserje Sra. *Gossip*, cuyo deseo dudo que esté del mismo humor, a menos que me equivoque aquí también.

¿Qué hacer con este millón de euros? Antes de eso, su alma generosa había recurrido a los "*Restos du Coeur*", convirtiéndose en la *Madre Teresa* o *Abbé Pierre*, incluso había planeado un retiro pacífico en el monasterio de Luberon (cuando habría descubierto si existía y dónde estaba), para comenzar a criar cabras y preparar quesos procesados ("¡qué lindo!") o haber planeado invertir su dinero en el banco Radin a una tasa de interés que podría engañar incluso a un turista parisino de vacaciones en Haute -Savoie que quería comer un bistec con salsa provenzal en un restaurante tradicional

De hecho, si le llegara un cheque así, estaría en shock, ¿por qué?

¿Qué crees que debería ser lo primero que debes hacer? ¿Mantenerlo? No sin tomar algunas precauciones, dejar un rastro ... ¿una fotocopia y el correo que la acompaña? ¿Comprar un seguro e instalarlo en el centro de su estudio de 20 m²? Esta cantidad atraería la atención. De hecho, te sorprendería tanto que no supieras por dónde empezar, te perderías la información, te verías mucho en tu vida, una situación que nunca antes había ocurrido. En tu cabeza, es la crisis de 1929 o el error del año 2000, con la pregunta "¿QUÉ HACER?". Dado que la conexión entre su punto de origen y esta nueva información no se crea, se pierde.

Sus referencias se pueden resumir en comer pasta boloñesa cuatro veces por semana, lo que no es nada comparado con el menú ofrecido en el Hilton, por supuesto.

Lo único que es seguro es que en tu entorno actual, tienes el control, todos los elementos que necesitas están en tu subconsciente, con referencias a tu experiencia, te añadimos un elemento, tú serías como este individuo descubriendo teléfonos móviles y correos electrónicos, es nueva información que será procesada, con el tiempo, esta novedad formará parte de ti si tu mente está preparada para aceptarla. Si este es el caso, estas nuevas tecnologías serán parte de su mente subconsciente.

Timidez y tartamudez

Ahora que has asimilado el principio "*maestro*" del flujo de información en nuestro subconsciente, no iba a terminar este libro sin mencionar las causas de los trastornos de comunicación relacionados con el condicionamiento social y emocional.

La timidez, por lo tanto, es una falta de confianza en sí mismo, en relación con los acontecimientos experimentados con un grupo de individuos, viene de la infancia, pero esto puede terminar en la edad adulta debido a un choque emocional. El sujeto de esta incomodidad ha sido en el pasado víctima de intimidación, amenazas que han atacado su psique, por lo que no se comunica o comunica poco miedo a las reacciones, independientemente de la persona que se encuentre frente a él. Ha asimilado un patrón de comportamiento de manera generalizada y se congela de miedo en su interior.

Todos hemos tenido en nuestras vidas a nuestro "gran Lulu", el que nos estaba haciendo pasar un mal rato con su pandilla, este personaje, lo grabaste en tu subconsciente, y en tu vida, parece que te encuentras con el "gran Lulu" en todas partes, o al menos con individuos que te lo recuerdan.

Quieres aparecer al descubierto, pero una estrella oscurece tus pensamientos, una memoria emocional que te hace dudar de ello, porque tienes miedo de la burla, de que se rían de ti, así que tu poder creativo y tus opiniones permanecen en silencio, vagando para siempre en el inconsciente (tu mundo interior). ¿Por qué? Porque simplemente te has asimilado como verdadero, todo lo que te han dicho, que eres nulo, irreflexivo, bueno para nada, pero creyendo en ello, solo estás viviendo la vida de los demás, o al menos la vida que ellos han decidido para ti, ¿pero en qué momento lo haces por ti mismo? Es tu vida, y depende de ti construirla.

Te aseguro, si lo deseas, que esta situación no es permanente, solo si decides "dejar ir" los acontecimientos perturbadores de tu juventud, y crear una nueva percepción de la raza humana.

Esto también se encuentra en la tartamudez, que es un trastorno de la expresión.

Quieres transmitir un mensaje, intercambiar opiniones sobre cualquier tema, pero a la hora de expresarlo aparece la sombra de la gran Lulú. La tartamudez es un trastorno psicológico que ocurre en dos fases. En primer lugar, el sujeto quiere dar su opinión, cuando la expresa, se produce un bloqueo psicológico, el de la causa y el efecto. Tu fuerte interior anticipa la burla. Por un lado, quieres decir cosas y, por otro, tu mente subconsciente frena este impulso susurrándote: «¡*Cuidado!* ¡

recuerda a la gorda Lulu!».

Hay un cruce de dos elementos de información que salen del subconsciente, uno expresivo y otro restrictivo, como si estuviéramos presionando simultáneamente el acelerador y el freno y preguntando "*¿Esto es bueno o malo?*" Entonces tu fuerza interior dice "*¡Ok, lo haré!*", Una confusión mental entre

La duda y el coraje provocan saltos de elocución.

Información, ego y percepción

Mientras caminas en una galería de arte, te encuentras frente a Victor Lotin, uno de tus viejos conocidos, que no has visto desde la escuela   secundaria.

Él viene a ti, muy feliz de verte otra vez, pero esta alegría no se comparte, al conocer el carácter odioso, la pesadez sin precedentes, siempre es el primero en exponer su ciencia, alaba a un artista frente a un lienzo escuchas, tus pasos se vuelven hacia afuera, buscando desesperadamente una manera de escapar para escapar del individuo. La impresión ha permanecido como está en tus recuerdos.

La gente puede cambiar tanto como quiera, pero no la imagen dada en el momento en que se conocieron, esta, en su mente, sigue siendo la misma. Tienes que adaptarte a este nuevo comportamiento. No es imposible, pero a veces lleva tiempo, así como tu entorno tiene que adaptarse a ti, se llama el "*efecto espejo*".

Las creencias inculcadas

Son como serpientes que te muerden y cuyo veneno invade todo tu cuerpo. Determina quién eres internamente, una persona desmotivada, desanimada, insustancial, porque tu subconsciente ha aceptado como verdadero todo lo que se ha dicho desde tu primera infancia, el punto de partida de toda tu existencia. En otro contexto, si tu vida ha sido apoyada, animada y potenciada al máximo, tu mente se orientará hacia el éxito, en este caso, si nadie lo ha hecho por ti, entonces hazlo por ti mismo, sabes lo que vales por dentro, dependiendo de lo que creas, la mente subconsciente te dará una dirección a seguir por la fuerza de la convicción que se anclará en ti.

Si, por ejemplo, vas a ver a una vidente y ella te dice que te harás rico, famoso y que conocerás a tu alma gemela, es muy poco probable que esto suceda, porque tu mente subconsciente está condicionada de manera diferente, tendrá un efecto negativo, porque en tu interior es muy contradictorio con lo que has asimilado en tu ser interior.

Por otro lado, si vuelves a ella y le dices que todo lo que ella predijo no funcionó haciendo un escándalo en medio de su consulta, ella te amenazará con la mala suerte de que tu vida no será más que miseria y soledad. Tendrás esta idea de un maleficio en mente.

Estarás tentado a creer en ella en lo más profundo de ti mismo, porque para la mente subconsciente, todo parecerá coherente, en otras palabras, crearás tu propia desgracia, y es todo lo que has asimilado y creído lo que dará fuerza a esta maldición. Más aún si, por ejemplo, se resbala en el suelo húmedo, recibe una maceta en la cabeza o se encuentra con un gato negro, que de hecho son solo acontecimientos que pueden ocurrir en la vida cotidiana, pero que reforzarán la creencia de una maldición.

Todo lo que sucede dentro de tu ser, se materializará fuera, eres uno con el universo a tu alrededor, lo que da fuerza a la maldición son tus creencias, el fruto de tu subconsciente. Atraes hacia ti todas las desgracias que piensas según la ley del equilibrio.

Para salir de esta espiral, tendrás que redirigir tus pensamientos a creencias más saludables, a la riqueza y prosperidad del mundo.

Tu vida cambia cuando tus creencias cambian, no eres víctima de ningún destino, excepto el fruto de tu mente subconsciente.

Cuando una baldosa, una llanta desinflada, una máquina de bloqueo y otros eventos similares lo empujan a decir "No tengo suerte", esta afirmación es mala suerte. No hagas que tu mente sea más infeliz y la redirija a la felicidad, solo será mejor. Los problemas ocurren, pero solo duran un momento si no te importa.

Cuando piensas positivamente, ocurren cosas buenas en tu vida, atraes hacia ti lo que piensas.

Aún no son conscientes del potencial que hay dentro de ustedes, de hecho, el cerebro es un enorme generador que da forma a toda nuestra vida, tiene inmensos poderes, incluido el de la creatividad. Funciona con todo lo que se le pueda proporcionar, sus reservas son infinitas.

Si te caes, te pones de pie y sigues adelante, da pequeños pasos "enormes" para hacerlo, porque cualquier cosa que hagas hacia la meta final (tu éxito), ya sea a través de cosas pequeñas o más grandes, tu meta ya está menos lejos que el día anterior.

CAPÍTULO 4: EL DESPERTAR DEL INCONSCIENTE

«Siempre queremos que la imaginación sea la capacidad de formar imágenes. Sin embargo, es más bien la capacidad de distorsionar las imágenes proporcionadas por la percepción, es sobre todo la capacidad de liberarnos de las imágenes en bruto, de cambiar las imágenes.»
(Gaston Bachelard)

La imaginación

Nuestro cerebro es una herramienta maravillosa, nos permite sentir emociones relacionadas con nuestros cinco sentidos, registrar información, sintetizar con ellos, pero más allá de eso, nos da un poder fabuloso, el de la imaginación que nos permite reinventarnos o sentirnos bien cuando los acontecimientos externos nos hacen sufrir.

Utiliza los elementos ya existentes en nuestro subconsciente para construir nuevas situaciones en un mundo irreal, imágenes que dan forma a nuestros sueños, porque el sentimiento deseado es el placer.

El inconsciente es nuestro mundo, una burbuja protectora lo envuelve para no revelar el más mínimo de nuestros pensamientos, y el subconsciente sirve de válvula ya que, por supuesto, contiene información que nos permite revelarlos o no, es el juez de nuestros pensamientos.

Por ejemplo, en este momento estoy escribiendo un libro, y mi imaginación se construye en mi inconsciente, el consciente da la información externa y el subconsciente la trata haciendo una transcripción en el mundo real (escribir).

El subconsciente proporciona ideas al inconsciente, derivadas de información antigua, da materia a mi imaginación. Es como un juego de construcción, cuantos más elementos des, más preciso será el objeto o pensamiento que quieras externalizar.

¿Recuerdas cuando jugaste en el Lego? Usted Toma un cuadrado (nueva información) y trata de combinarlo con un rectángulo ya en su posesión (información antigua), lo que le da una nueva forma que será evocadora. Podemos imaginar un autobús, un tren o un coche, dependiendo de lo que la mente subconsciente proporcione al inconsciente.

Es a través del inconsciente que se construyen las mentiras o se inventa una vida que no tenemos, pero si podemos convencer a nuestro subconsciente de que esta falsa existencia es nuestra, eventualmente la aceptará.

El inconsciente, si tiene el poder de construir, puede ser destructivo, ya que cuando un gerente de departamento le molesta, en su imaginación, quiere golpearlo (honestamente, ¿quién lo hubiera pensado nunca?), Pero este universo ficticio puede convertirse en la propia realidad es lo que sucede con los psicópatas, los rasgos del carácter comienzan a reaparecer tan pronto como el subconsciente acepta datos y juicios de valor que se ahogan en ellos. Al principio, esto se caracteriza por una sensación de confusión.

La moralidad que te enseñaron en tu infancia te impide actuar, y por otro lado, nueva información creada en forma de estímulos neuroasociados, creando una realidad alternativa en el inconsciente. Parece tan real y detallado que se crea confusión mental.

Referenciación mnemotécnica

La mnemotécnica se llama un punto de referencia que ayuda a establecer la conexión entre el objeto presentado y nuestro subconsciente.

Esto puede ser por tamaño, forma, color o función, por ejemplo, asociamos el extintor con su utilidad para extinguir un incendio, de color rojo y de cierto tamaño, puede ser agua o polvo, en el segundo caso más pequeño.

La mnemotécnica también nos ayuda a encontrar nuestro camino en el espacio, es decir, un lugar. Nos dirigimos a una ciudad gracias a las señales, paneles, edificios, árboles... Sus formas y colores son inmediatamente evocadores, cuando le preguntas a alguien por tu ruta, te dice el ayuntamiento, la oficina de correos, la iglesia, etc...

Estos son datos que todos conocemos y todo lo que tienes que hacer es encontrar las formas evocadoras de estos edificios.

Los mnemotécnicos también funcionan cuando hay que recordar una palabra, si recuerdas cuando eras niño, todavía la usas para aprender idiomas extranjeros, buscando un término cercano, por ejemplo, en inglés, para decir el color verde, usas "green", piensas en el color del césped de un campo de golf.

Nuestro poder creativo es ilimitado y viene del hemisferio derecho de nuestro cerebro, es nuestro mundo interior donde reside la imaginación. Es aquí donde los sueños y las ideas se hacen con la información recopilada por la conciencia, y la información retenida por nuestra mente subconsciente.

En la fase de sueño profundo

El subconsciente permanece muy activo, pero ya no se comunica directamente con el camino consciente, cerrando los ojos, se cierran las puertas que conducen al mundo exterior, y el subconsciente se hace cargo. Las conexiones neuronales con su entorno externo se interrumpen.

Desde ese momento, estás en tu burbuja, los recuerdos que se encuentran en tu subconsciente se comunican con tu mente creativa y nos llevan a un mundo ideal, basado en la información recopilada durante tu jornada laboral, por ejemplo.

Cuando era más joven, los profesores recomendaron que aprendiéramos las lecciones por la noche. Hace varios años se descubrió que los estudiantes que revisaron el día anterior tenían más probabilidades de aprobar sus exámenes que la mayoría de los estudiantes que preferían jugar a los videojuegos, ver películas en la televisión por la noche o jugar al fútbol al aire libre, y estos mismos estudiantes tenían el mal hábito de estudiar por la mañana.

Como resultado, la lección fue ciertamente aprendida, pero temporalmente inscrita en la mente subconsciente, porque no se había adaptado a un cambio significativo en el banco de memoria, los efectos se sentían durante los exámenes de prueba, plagados de lagunas de memoria, incluso si las pistas a las respuestas estaban en la pregunta del sujeto.

En efecto, la asimilación de nueva información solo puede hacerse bajo dos condiciones, el nivel de implicación en el tema, es decir, si el estudiante está interesado o no en lo que se le presenta, sea o no solo un texto o una fórmula matemática que se conozca de memoria, su mente debe estar constantemente curiosa sobre todo, por qué usar tal fórmula, cómo aplicarla. Pero también, el aprendizaje se rige por la ley de la repetición, si las conexiones neuronales son como las líneas eléctricas, un solo pulso no enciende una lámpara, la mente no estará "*iluminada*".

Puedes imaginarte, la memoria puede retener no más del 10% de lo que sucede en un día, difícil de recordar cada palabra hablada, los lugares visitados o la cara de alguien que ves por primera vez, la conciencia necesita proporcionar detalles a tu subconsciente que necesita satisfacerse a sí mismo, si no lo haces, sucederá lo mismo que cuando no alimentas tu cuerpo, perderá peso y se debilitará, incapaz de "levantar libros", los datos se volverán cada vez más técnicos, especialmente en la sociedad progresista de hoy en día.

Lo más peligroso también es dejar tu mente sin entrenar, por ejemplo, si hace algún tiempo habías estudiado matemáticas, entonces parecía más fácil que ahora, ¿recuerdas cómo aplicar una regla de tres? ¿El cuadrado del hipotenusa? ¿Las ecuaciones del primer y segundo grado? Mirando un libro de matemáticas, te sorprenderías de lo que has perdido en conocimiento.

Algunos dirán que las matemáticas son inútiles en el mundo de hoy, yo responderé lo mismo que muchos profesores probablemente te dirán, que se usa para entrenar tu cerebro y mantener una mente lógica.

En mis anteriores profesiones como almacenista, me era útil aplicar sumas, restas, multiplicaciones, en particular, recuerdo haber usado la mesa 9 varias veces cuando tenía que poner los productos en paletas.

La educación y la formación te harán mejor persona, porque lo que pasa dentro se percibe fuera, y es normal que algunos individuos parezcan estúpidos, porque creen que han adquirido suficientes conocimientos, pero estos son miedos aplicados, ni a través de la formación, ni en la vida cotidiana donde las situaciones nos llevan a utilizarlos.

El consciente juega un papel importante, permite proporcionar nueva información haciendo combinaciones neuro-asociadas, se duerme cuando la información ya es conocida.

El punto de unión es por lo tanto entre la mente inconsciente y la mente subconsciente, que es un poco traicionera, porque al avanzar en la vida, al tener solo este punto de referencia, puede ser diluido, transformado por nuestra mente inconsciente, lo que también muestra que la mente subconsciente puede ser reprogramada por las situaciones de la vida cotidiana, usted ha permanecido igual que hace varios años, pero con nuevos pensamientos, imagínese que hace 20 años, ¿Usted todavía se ve estudiando? ¿En un aula? ¿Todavía puedes sentir las emociones que sentiste cuando entraste al salón de clases? Difícil, porque vives en tu entorno actual, no en el del pasado. Su subconsciente ha recibido nuevas instrucciones.

Si tomo el ejemplo de la lección a aprender de nuevo, si se hace de forma robótica, damos materia a nuestra mente subconsciente sin que la información sea procesada ni por estímulos neuroasociados ni por nuestras emociones.

Cuando usted aprende un texto en inglés, lo hace por asociación con un equivalente en francés de cada palabra.

Por ejemplo, si tienes que traducir "The cat eat the mouse" del inglés al español, lo haces así:

THE | CAT| EAT|THE|MOUSE
Neuroasociación
EL| GATO |SE COME| AL| RATÓN

La información procesada en el subconsciente la grabará en sus memorias, poco después de este procesamiento de información, todo le parecerá natural, recogiendo solo los datos ya recogidos.

Por eso, y para volver a la fase de sueño profundo, es mejor aprender una lección el día anterior, porque es durante la fase de descanso (interrupción con el mundo exterior), cuando el inconsciente hace su pequeña salsa de los ingredientes del subconsciente, que pueden combinarse entre sí sin un orden coherente, creando mundos fantásticos.

El cerebro es una herramienta maravillosa, como dije antes, porque tiene la capacidad de tomar información, validarla, luego transcribirla al inconsciente, y hacerla validar por el subconsciente, la válvula de nuestros pensamientos. Es el inconsciente colectivo el que ha hecho posible conocer el mundo en el que vivimos, las grandes invenciones de figuras históricas que nos han permitido evolucionar y que han abierto las puertas de los objetos que utilizamos en nuestra vida cotidiana, sin la invención de la imprenta, seguiríamos tratando con manuscritos.

Arquímedes, Galileo, Leonardo da Vinci, Newton, Thomas Edison, todos han hecho una contribución al mundo a través de su espíritu creativo, habiendo aprendido a no rendirse nunca en el interés colectivo.

No todos los grandes inventos han aparecido por sí solos, y provienen de un mismo lugar común a todos, nuestros cerebros.

¿Qué habría pasado si los grandes creadores de este mundo no hubieran recibido ninguna instrucción? Probablemente no leerías este libro, Internet no existiría, porque lo uso para darme a conocer en las redes sociales. Comprende bien esto, tu mayor riqueza está en ti, lo que harás con ella depende solo de ti, alimenta tu subconsciente, mantenlo, dale el material sobre el que pueda trabajar con tu inconsciente, tú eres tu propio creador, el de tu destino.

¡Esta verdad es universal, recuérdala bien! ¡USTEDES SE CONVIERTEN EN LO QUE PIENSAN! para citar las palabras de Descarte "*¡Creo que sí lo soy!*».

No solo en la forma en que él piensa, sino también en lo que tú quieres, ¡cómo piensan los demás de ti! ¡Cómo quieres ser percibido y cómo te percibes a ti mismo!

Los excesos del inconsciente

Si el inconsciente puede construir, también puede destruir, la percepción del mundo se altera, las interacciones con el mundo exterior son negativas, como expliqué, lo que viene de dentro "suda" hacia fuera, por los gestos, las expresiones faciales, y por las palabras inconsistentes que se pronuncian, los individuos que sufren de patologías psicológicas o una mala interpretación del mundo exterior, perciben a todos como enemigos, para querer controlarlos.

He aquí una historia que me han contado recientemente. Esto sucedió hace unos años durante la temporada de Navidad en la ciudad de Nueva York, un gran centro comercial había abierto para las fiestas, y las familias abundaban en los pasillos, yendo de tiendas a tiendas. De repente, oyeron como un trueno, la mayoría de los clientes saltaron porque no esperaban tal ruido. Luego una segunda detonación. El miedo ganó en la galería, se escucharon gritos de terror, la gente en el edificio quedó paralizada por el miedo, otros huyeron y buscaban un escondite.

Un policía estaba presente, el único en esta multitud aterrorizada, no estaba de servicio, sino con su esposa para ir de compras. Afortunadamente para él y para los aterrorizados clientes, conservó su arma de servicio y su placa.

Estaba situado en el piso superior de la galería, escondido detrás de un poste, cerca de la barandilla y miraba justo debajo de ella. Vio a un hombre armado con una escopeta disparando a todo lo que se movía, tanto la gente corriendo como las cortinas ondeando.

Las vigilias estaban en el suelo, vivas o muertas, nadie se atrevía a ir a comprobarlo, porque el tirador loco estaba cerca.

De repente, el hombre vio al policía y le disparó, quien llegó a la estación donde se escondía. El policía pidió que llegasen refuerzos lentos, seguidos por disparos en la galería hasta la llegada de la policía, que encontró una carnicería bajo sus pies.

Eventualmente encontraron y dispararon al tirador loco, las ambulancias estaban en el lugar y los heridos fueron atendidos. Muchas personas que han sufrido un shock psicológico han tenido dificultades para recuperarse de esta terrible experiencia, y siguen siendo víctimas de este loco tirador. Actualmente se encuentran en terapia para olvidar este doloroso y doloroso pasaje.

¿Qué pasó en la mente de ese loco tirador y quién era?

No lo elogiaré, dado el drama humano que ha causado, su mente estaba desconectada de la realidad, su conciencia alterada y su imaginación (el inconsciente) abandonó completamente su ambiente interno. Lo que vio vino de su imaginación, validado por la mente subconsciente.

Este individuo jugaba mucho a los videojuegos, y este mundo virtual se había convertido en su realidad, estaba inmerso en otro universo. Su inconsciente controlaba sus acciones.

Otro ejemplo, siempre en circunstancias difíciles. En California, una pareja había estado viviendo en armonía durante más de diez años.

De la noche a la mañana, el marido mostró signos de angustia psicológica, hizo comentarios incoherentes, supuestamente porque su suegro quería matarlo y porque había violado a sus hijos. Su esposa estaba empezando a tener miedo de que su pareja la amenazara con gritos al principio, insistió en que todo lo que decía era cierto hasta que tuvo éxito en causar problemas en la mente de su esposa.

Ambos presentaron denuncias contra el padre de la esposa por amenazas de muerte y contacto con menores de edad, lo que llevó a la condena de este último, quien se sorprendió de tales acusaciones, negando que era inocente.

Poco después, el marido, queriendo añadir algo más a su locura, trató de convencer a su mujer de que ella también había sido violada por su propio padre; insistió y la golpeó hasta que ella finalmente aceptó sus incoherentes comentarios por miedo a ser golpeada, pero en su interior mantuvo toda su lucidez, pero ¿qué hacer frente a un marido que se había vuelto completamente loco?

Poco después, les dijo que su padre era un antiguo espía ruso y que había enviado hombres a dispararle, que se había atrincherado en su casa, y le pidió a su esposa que fuera a recoger el correo por él, por temor a que hubiera un francotirador escondido.

Un día, el marido abandonó la casa conyugal, dio unos pasos y se disparó en la pierna. Su esposa corrió y lo trajo a casa, quería demostrar que tenía razón y que un francotirador le había disparado.

Una investigación reveló que la bala fue disparada a corta distancia, dejando a los investigadores confundidos, uno de ellos llevó a la mujer a un lado para interrogarla y le preguntó si las cosas iban bien con su esposo. Solo podía responder a su pregunta con una mentira, temerosa de las reacciones de la persona con la que compartía su techo.

Pero esta situación se revirtió un día, cuando el cónyuge obligó a toda la familia a abandonar el local para escapar del fuego de los francotiradores. Todos empacaron sus maletas y subieron al auto. El hombre pidió llevarlos a la casa de uno de sus amigos, pero ella no conocía la dirección, así que dieron vueltas por toda la ciudad. El marido perdió la paciencia y se detuvo. Sacó a uno de los niños y lo obligó a arrodillarse; tomó su arma y apuntó a la hora de su propio hijo.

La mujer en pánico trató de convencerlo de que se calmara y que le ayudara a encontrar la dirección de su amigo. Ella lo invitó a calmarse e irse a casa, para ello, jugó su juego diciendo que hombres armados la estaban esperando en el destino, y que el lugar más seguro por ahora era su casa.

Regresaron y la mujer siguió haciendo creer a su marido que ella lo entendía. Le dijo que iba a ir a la policía a denunciar a su padre por la "llamada" violación que sufrió de niña y por los intentos de asesinato, pero que por el momento tenía que permanecer oculto, ya que todavía hay tiradores afuera.

El plan funcionó, y la mujer fue directamente a la comisaría de policía para ver a uno de los investigadores que tenía sospechas sobre su marido. Ella le contó los hechos, la demencia de su marido, la violencia doméstica, la inocencia de su padre, el investigador le tomó declaración y trató de averiguar un poco más sobre su marido.

Poco después, fue arrestado por violencia doméstica y sentenciado a una sentencia muy severa, el padre de la esposa fue liberado de toda sospecha.

Esta historia dejó sus secuelas, no solo en la mujer que se sometió a la terapia poco después, sino también en los niños y las personas de su entorno que habían estado indefensos y presentes en las alucinaciones del marido.

¿Qué pasó en este caso en particular? Esta historia tiene similitudes psicológicas con la historia del tirador loco. Ambos crearon un universo para sí mismos, y su mundo interior se había convertido en su mundo exterior, las conexiones neurológicas asociativas se hicieron entre el subconsciente y el inconsciente que hicieron una reinterpretación del mundo exterior, que estaba en el origen de su demencia.

Una perversión narcisista

Lo que llamamos perversión narcisista se puede resumir en una constante necesidad de querer. El ser narcisista es generalmente una persona débil internamente y busca un ideal de vida que le gustaría llevar, por lo que inventa una vida para sí mismos. Está separado de la realidad que proporciona la conciencia, no piensa, interpreta a través del inconsciente, creando una verdad engañosa.

Este individuo siempre quiere más, ser mejor que los demás, en la cúspide del éxito, y su fuerza, de la que obtiene menospreciando a los demás, y nunca reconocerá sus limitaciones e ignorancia. Reinventa la historia de sus vidas de una manera un poco más diluida. Todo esto para que la gente se interese por su pequeña persona, débil por dentro.

Es una enfermedad que considero dramática, el individuo termina solo, porque todo el mundo trata de escapar de él, por lo que hay dos opciones posibles, o se suicida o se hace entender de otra manera por intenciones más violentas, porque tiene esa necesidad irresistible de interesarse por él.

CAPÍTULO 5: VIVIENDO EN ARMONÍA CON TU UNIVERSO

«Ser bueno es estar en armonía contigo mismo. La discordia se ve forzada a estar en armonía con los demás. »
(Oscar Wilde)

El interior "suda" hacia el exterior

Todo lo que nos rodea es nuestro universo, es lo mismo para todos, sin importar su origen social o cultural, la tierra continuará girando, la noche siguiente al día, todos respiramos el mismo aire, bebemos la misma agua, y la mayoría de las personas más poderosas de este mundo tienen el mismo tipo de sangre que ustedes. Es el entorno en el que usted opera y usted es parte de él.

Además, ustedes están compuestos de los mismos elementos de este universo que es una multitud de electrones, protones y neutrones, desde un punto de vista atómico, ustedes son parte de este ambiente. Esto no cambiará con el tiempo, los componentes de este mundo simplemente tomando otra forma, ya sea sólida o líquida, o vaporosa, que compondrá un elemento siempre estará formado de átomos, de diferentes estructuras, pero siempre con electrones, protones y neutrones.

Este mismo universo está compuesto por dos mundos, uno está fuera, lo que vemos, tocamos u oímos es parte de ello, es la información *"entrante"*. Luego hay otro, ubicado dentro de nosotros mismos, que interpreta según la información más antigua, ya sea conscientemente o desde el inconsciente, y hay un punto de unión entre los dos, una combinación como anidar dos cubos de Lego entre ellos, y que formará la información *"saliente"*.

La primera es común a todos los mortales, un hombre rico verá el mismo bosque que tú, admirará las estrellas y respirará el mismo aire.

Sin embargo, se te enseñaron creencias y nociones de valores desde una edad temprana, aprendiste lo que era el dinero y la abundancia en cierta forma, que poseer millones de euros es sinónimo de riqueza y que era imposible para ti lograr este objetivo porque venías de un entorno modesto. Por otro lado, si un individuo está inmerso en un ambiente acomodado, conservará un sentido de abundancia, tendrá todo lo que desea de la vida, tendrá el privilegio de estudiar durante mucho tiempo en las escuelas secundarias, su percepción será diferente a la suya, y sin embargo el universo es exactamente el mismo desde el punto de vista atómico.

Esto resonó en tu mente subconsciente, dándote la sensación de una meta lejana, casi imposible de alcanzar, y durante tu educación, te susurró: *"¿Por qué molestarse? Nunca tendrás éxito"*, mirando por encima de ti, y pensando que no tenemos todo lo que tiene el hijo de una persona rica, tu mente se bañará en *"querer"*, dudando de tu propio valor.

Así que te respondería que todos tenemos exactamente el mismo valor en el universo, lo que cambia es la interpretación que hacemos de él en relación con nuestras creencias, desde nuestro mundo interior, en la forma en que lo construimos en relación con ellos.

Tomemos un vaso de agua que contiene la mitad del líquido, este representa el universo, y es parte de él. Una persona que vive en abundancia siempre verá el vaso medio lleno y estará satisfecha con lo que tiene, será dirigida hacia arriba para ver lo que está sucediendo abajo, y verá líquido (objetivo alcanzado).

Mientras que el que se baña en la carencia siempre verá el vaso medio vacío, estará esperando para tener un poco más, se colocará en el fondo, y su mirada se dirigirá hacia arriba, entonces no verá el aire (objetivo no alcanzado). Uno tiene ambos elementos, y el otro solo uno (agua) y quiere obtener el siguiente (aire).

Si el mundo exterior es el mismo para todos, el interior de cada individuo es diferente, cada uno tendrá su propia percepción, creando creencias, unas limitantes, otras orientadas al progreso.

¡No puedes ser rico, ya lo eres!

Cuando comprendes que eres uno con todo el universo, ya eres muy rico, sin embargo, se te han enseñado falsas nociones sobre los valores. Para algunos, ser rico significa tener dinero, para otros, significa vivir de todo lo que la tierra provee.

Como está escrito en la Biblia, "*Todo lo que pides a Dios, debes saber que ya lo has obtenido*", "*incluso antes de llamar, Dios ya te habrá respondido*", de hecho, nos sentimos ricos cuando Sabemos cómo estar contentos que tenemos y podemos apreciar todo lo que la Tierra puede proporcionarnos en abundancia. *"Dios da y en abundancia"*, basta con saber mirar donde es necesario, los escritos sanos nos lo explican muy bien, podría citar muchos pasajes sobre el tema, pero ¿no es mejor leer la Biblia usted mismo? *"Si tu fe es tan grande como una semilla de mostaza, ¡todo es posible!* "(Evangelio según san Mateo).

Al tomar en cuenta este hecho en nuestras vidas, entonces seguimos la dirección correcta, el camino hacia la abundancia y el éxito. Aprecien todo lo que el universo les ofrece, tan pronto como su sentimiento se oriente hacia la abundancia, entonces la abundancia vendrá a ustedes, de lo contrario es imposible obtener algo más que el mundo podría proporcionarles si ya no aprecian nada de lo que poseen. Así que, *"¡ayúdate a ti mismo y el cielo te ayudará!* " tienes dentro de ti un inmenso poder que solo quiere *"sudar"* hacia el exterior, el de la decisión.

El poder secreto en cada uno de nosotros

Si nuestras mentes tuvieran el poder de atraer hacia nosotros todo lo que queremos, sería fabuloso, ¿no? Algunos ya lo han intentado, pero dijeron que no funcionó, porque usaron mal la ley de la atracción.

En el fondo, tenían la íntima convicción de que no funcionaría, y eso es exactamente lo que sucedió, demasiadas expectativas por parte de este poder, creyendo que todo vendría mágicamente, brazos cruzados para tener pensamientos positivos, lo que les faltaba era la interacción con el mundo exterior, tenían en su subconsciente solo pensamientos de necesidad y privación, invocando vanas esperanzas.

Afortunadamente para ti, y gracias a este libro, tendrás el secreto de una vida feliz y exitosa, y esto gratis (aparte del precio del libro, esto es evidente, que tampoco es excesivo).

Nuestro universo está gobernado por un magnetismo natural, con una polaridad positiva y negativa, así como hay un Polo Norte y un Polo Sur. Si tomas un imán y lo frotas con una aguja de coser y lo pones en un corcho, colocado en un tazón de agua, te indicará el norte, la mayoría ya lo ha experimentado en la clase de física cuando estabas en la escuela.

Cada elemento que constituye nuestro mundo funciona según las mismas reglas desde el punto de vista atómico, incluso todos los átomos que constituyen nuestro cuerpo, y nuestra forma de pensar, ver el mundo y considerar los acontecimientos tienen un magnetismo natural.

Todo esto crea armonía con el universo, algunos elementos se atraen entre sí, mientras que otros se repelen, ya sea en lo visible o en lo invisible, en lo físico o en lo espiritual.

Nuestra forma de pensar crea magnetismo en forma de un aura que puede ser beneficiosa o dañina, y emerge en cada uno de nosotros, atrayendo o repeliendo según los rasgos dominantes.

Como resultado, su mundo interior es un reflejo de su mundo exterior, ya sea en la forma en que vemos su entorno, cómo nos sentimos al respecto y las interacciones que tenemos con otros individuos.

Al reconsiderar muchos de sus pensamientos positivos, lo positivo vendrá a usted. Cuando piensas en la abundancia, es decir, cuando sientes que no tienes nada de lo que carecer y todo está a tu disposición, eres feliz con lo que tienes, y se extiende fuera de ti mismo. Tu vida actual, que ves como pobre, seguirá siendo pobre hasta que reconsideres tu universo.

Tus expectativas y deseos se harán realidad si empiezas a apreciar lo que ya tienes, lo más importante, la vida, el poder de actuar, interactuar, ver, escuchar, contrarrestar un paisaje es el tesoro más bello, el mundo mismo es una riqueza.

Vivir el momento presente con la firme convicción de que podemos lograrlo, aunque nada a nuestro alrededor nos predisponga a ello. Se trata de cambiar el estado de ánimo y de concebir los acontecimientos externos como pasajeros. Detrás de las nubes siempre está el sol. Básicamente, necesitas relativizar todo lo que está sucediendo en tu vida de una manera positiva. Todo lo que se ha dicho en tu juventud y en tu vida, debes aprender de ello. Por ejemplo, para decirte a ti mismo que este individuo que ha sido muy duro contigo solo te ha hecho más fuerte, te ha endurecido, y es de esta riqueza de la que debes sacar, de tu habilidad para recibir los golpes, no para fatalizar sobre la situación de tu existencia, como prueba, me lees, significa que en ti, hay una reserva inestimable que quieres explotar.

Toma un punto fijo que quieras alcanzar, es tu meta, y en tu corazón, debes permanecer convencido de alcanzarlo a toda costa, no importa cuánto tiempo te lleve, nada debe desviarte de tu objetivo, el camino al éxito.

A través de esto, es necesario proyectar una visión dinámica de sus pensamientos, para ir en la dirección de la concreción. Es decir, usar tu imaginación (tu mundo interior) para moverlo al mundo real (el mundo exterior), y esto, a partir de ahora, sin postergar, aunque sea un borrador, unas pocas palabras en un trozo de papel... Pero te falta lo esencial, la "información", para eso, todo está a tu disposición aquí y ahora, aquí y ahora, en Internet, en los documentales de televisión, en los libros, siempre en la búsqueda de elementos, de material para trabajar.

Y sobre todo, nunca te digas a ti mismo que sabemos lo suficiente hasta que se alcanza el objetivo (e incluso después), nunca aprendemos lo suficiente.

Cambios en tu vida, en tu apariencia, no serán visibles al principio, y gradualmente, por pequeños signos externos, verás que estás en el camino correcto.

En cuanto a los "*cíclicos*", como expliqué en mi primer libro, todos dependemos de dos ciclos, uno positivo y otro negativo, y como resultado, vivimos en el mismo mundo, pero con una percepción diferente de él.

El entorno responderá por resonancia con lo que somos, es decir, si piensas negativamente, los acontecimientos externos también serán, por tus palabras, tus pensamientos y tu actitud hacia la vida en general, crees que no eres capaz de hacer algo, incluso si lo intentas, la respuesta psicológica será que serás incapaz de actuar, serás torpe, poco entrenado, entonces te rendirás. Si crees que todo el mundo está enfadado contigo, aparecerá en relación con tu comportamiento y rasgos faciales, tenderemos a huir de ti. Además de eso, tendrás un aura negativa, la que has hecho.

Incluso si cambias tu comportamiento, tomará algún tiempo, porque no podemos interrumpir los ciclos actuales, sino mitigar sus efectos haciendo que el ciclo positivo crezca, esto no se puede hacer directamente, porque mientras no se complete la revolución (o ciclo), no pasará nada, y el siguiente todavía tendrá aspectos negativos, pero se reducirá, sentirás los efectos con el tiempo.

No pienses más en términos de "*carencia*", sino de "*ganancia*", siente que lo tienes todo en tu poder, agradece todo lo que la vida te ofrece, el poder de ver, oír, tocar, todos los tesoros que descuidas, porque demasiado enfocado por la "*necesidad*". Asume que tienes todo lo que necesitas para ser feliz, se verá en tu cara y tendrás mejores relaciones. ¿Quieres conseguir más? Esto debe hacerse trabajando en ti mismo y para los demás, ¿qué quieres aportar al mundo? Todo está ya a su disposición, tener la voluntad de actuar en el interés colectivo, no pedir, sino dar, tiempo, dinero, escuchar o ayudar. Como diría *Max Piccinini*: «*Para cambiar tu mundo exterior, ¡tienes que cambiar tu mundo interior!*».

Dígase a sí mismo: "*¡Sí, puedo hacerlo! ¡Tengo todos los medios para hacerlo!*»

Si haces exactamente lo que te he dicho, tu vida será diferente, no será visible ahora, pero si la comparas con la de hace un año, dirás

"¡wow !", pero te advierto que el proceso será un poco largo dependiendo de su voluntad de actuar, así que insisto, ¡empieza ahora mismo!

Remodelar la mente subconsciente

Es posible remodelar tu subconsciente, cambiar la interpretación de nuestros pensamientos frente a un acontecimiento pasado, de hecho, en mi opinión, sería necesario poner en perspectiva, por ejemplo, que existe la maldad gratuita y que para ti mismo, sabes exactamente lo que vales, en este caso en particular, tendrás que demostrar lo que realmente vales, ir más allá de todas las pretensiones y juicios.

Para hacer esto, tendrías que convencerte a ti mismo, reinterpretar tus pensamientos creando nuevas conexiones neuro-asociadas, insisto en este punto a lo largo de este libro, porque creo que es una parte importante de la reprogramación subjetiva.

Los recuerdos de tu vida están en tu interior, incluso si no puedes recordarlos, los estímulos de estos eventos previos permanecen en ti. El subconsciente está tan agitado como Nicolas Sarkozy por haber bebido demasiado café *(para los españoles, ya que el libro será traducido, es un jefe de estado francés conocido por su nerviosismo).*

En algún momento de tu vida, lo que sucedió en tu infancia o incluso después reaparecerá en forma de estos mismos estímulos.

Por ejemplo, si un amigo te ofrece subir o tienes que subir una escalera, respondes que no te interesa, pero no sabes por qué.

En realidad, tu mente subconsciente responde en tu lugar, hace la conexión entre esta información y los eventos del pasado, siendo más joven, te has caído precisamente de una escalera, un mecanismo de seguridad ha sido activado, o quizás has sido sobre protegido, o incluso llamado incapaz.

La acción presentada se asociará así a una memoria anterior de la que a primera vista no se tiene una memoria deslumbrante, pero la emoción asociada está muy presente.

A medida que creces y en la forma de un "*vicio repetitivo*", tus primeros pensamientos crearon sospechas, y mientras más evolucionas en la vida, y cuanto más crecía el signo, más era como si estuvieras encendiendo el botón "*Volumen*" en tu radio.

Esto explica, en gran parte, la timidez y la falta de confianza, su conciencia (a través de su subconsciente), se ha puesto en modo de "*autoprotección*", considerará que si usted hace una acción, tendrá una reacción negativa, parecerá idéntica a lo que usted ha conocido, y en el fondo, ¿por qué cambiaría?

Así que es fácil para ti rendirte, decirte a ti mismo: "*¿Qué sentido tiene intentarlo?* " y es en ese preciso momento cuando coincides con todas aquellas personas que te han juzgado negativamente, seguirás siendo "*un perdedor*", "*un inútil*".

Para invertir la tendencia, debemos seguir el mismo camino en la dirección opuesta, crear nuevas "vicio repetitivo" oscureciendo los viejos datos cognitivos, porque siguen siendo dominantes y su inconsciente puede silenciar sus emociones dominantes, así como las percepciones relacionadas con esta nueva información, nuestro cerebro es maravilloso en su poder de remodelación, para crear nuevos caminos de acceso la rea condicionarlo, dicho esto no sucederá de la noche a la mañana, porque ya ha necesitado que se le dé forma a toda su existencia actual.

El proceso de remodelación solo se puede hacer por la fuerza del hábito, es como insertar un cuerpo extraño en nuestro cuerpo, al implantarlo, se activará el mecanismo inmunológico creando el rechazo del mismo, para que el cuerpo lo asimile, tomará tiempo y paciencia, y si no lo está, debe convertirse en ello.

¿Toma el control y escúchate solo a ti mismo, envidias a los que triunfan y quieres hacer lo mismo? ¡Entonces adelante! ¡Inténtalo! ¡Inténtalo! Te sorprenderá el resultado, pero antes que nada, necesitas trabajar en tu autoconfianza. ¿Cómo lo consigues? Simplemente entrenando, la búsqueda de nueva información que la lectura puede proporcionar, por ejemplo, te dará confianza en tus pensamientos, tu subconsciente se alimenta de ella.

Y sobre todo, dejar de creer que todo va a pasar como por arte de magia, como ya mencioné en mi primer libro sobre la inversión personal, ¡no tenemos nada para nada! Si hay verdadera magia, ¡vendría de tu voluntad! Para este propósito, ¡recomiendo que alimentes tu mente subconsciente con pensamientos positivos! ¿Cómo? A través de trabajos relativos a este campo, en particular los de *Norman Vincent Peal*, *Franck Nicolas*, *Max Piccinini*, o *Napoleon Hill*. Resuma toda su lectura, y todo le parecerá obvio si no solo lee, sino que también entiende y siente curiosidad, esta es la clave de su éxito.

Percepción de la riqueza y la pobreza

¿Qué pasaría si no tuvieras a nadie a tu lado?

¿No hay posibilidad de interacciones con un séquito? En este caso en particular, uno podría imaginar a alguien viviendo en el desierto como un ermitaño que solo vive de sí mismo, buscando agua a kilómetros de su casa a pie, y cazando todo lo que pueda.

Pocas personas tienen esta capacidad, víctimas de lo que se podría llamar "la sociedad de consumo", ya no cazamos y ya no recogemos agua a kilómetros de distancia, todo lo que tienes que hacer es coger tu coche y comprar en el supermercado local, por lo que nos hemos vuelto dependientes de este sistema.

Sin embargo, todavía sabemos cómo hacer la diferencia, gracias a nuestro trabajo, estamos al servicio de tantas personas como sea posible indirectamente, por ejemplo, cuando trabajé hace mucho tiempo en el sector de la distribución de supermercados, puse en las estanterías productos que iban a ser vendidos a sus clientes, lo que me dio un ingreso.

Entre los consumidores se encontraban los propietarios de garajes, los ferreteros y todo tipo de personas con las que había interactuado al menos una vez, gracias al fruto de mi trabajo procedente de un servicio prestado, ellos a su vez me hicieron un favor, reparando mi coche, vendiéndome clavos y tornillos para un armario que estaba fabricando.

El punto de unión entre ambos es el dinero, un medio de cambio que ha sustituido a lo que se hacía en tiempos lejanos, el trueque, el intercambio de un servicio por otro, el cavador de pozos daba agua por pan al panadero, el horticultor cambiaba sus cosechas por carne al cazador, etc...

Cada uno trajo algo al mayor número a cambio de otro bien, cada uno al servicio del interés colectivo.

¿Qué tiene en común este período de la historia con el presente? Si tomo al panadero, por ejemplo, "posee", es decir, puede satisfacer una necesidad de la comunidad, su panadería tiene mucho pan, y gracias al dinero que obtiene del producto que vende, puede comprar más para hacer, pero también para pagar a sus empleados y mantenerse a sí mismo. Así, a la hora de la comida, el panadero "siempre" tiene pan de su panadería, vino del viticultor, fruta y verdura del hortelano y, sobre todo, la energía para trabajar y ganar fuerzas para volver al trabajo.

En todas las áreas de la vida cotidiana, servimos a la comunidad directa e indirectamente a cambio de un bien o servicio, ya sea como empleador o como empleado, es el fruto de nuestro trabajo el que nos enriquece, ya sea en la fabricación de auto partes, en los supermercados, en la albañilería, y cuanto más servimos al interés del mayor número, más nos enriquecemos.

Algunas personas están orgullosas de su trabajo, de lo que tienen, creyendo que tienen todo lo que necesitan, y hay otras, celosas de las que tienen todo y son más ricas. Pero cuando no estamos satisfechos con lo que tenemos, somos infelices.

Mirando las cosas desde una nueva perspectiva, siempre tenemos lo que necesitamos, ya sea en dinero o en bienes y servicios, cualquiera que sea la forma que adopte, sigue siendo algo que existe en el mundo material.

Para ello, la mayoría de las personas que no obtienen por descuido el mayor tesoro que poseen, el "*espíritu*".

Es por la forma en que pensamos desde nuestro subconsciente que la riqueza o la pobreza se produce, por la forma en que interpretamos los acontecimientos, y es también lo que determina nuestro destino, la forma en que miramos al mundo exterior.

Por ejemplo, la palabra "*tesoro*" puede significar un cofre lleno de monedas de oro, o el fruto de su trabajo, o la naturaleza, pero puede significar salud, hay tantas formas que uno podría dar a un "*tesoro*".

La mayoría de las personas son pobres, porque en el fondo se sienten pobres, allí también podemos dar varios significados a este término, *"pobreza de espíritu"*, *"pobreza económica"*, o *"pobreza en las relaciones"*, sienten en ellas que no tienen nada porque no han percibido el *"tesoro"* que poseen en ellas.

Si te pregunto qué significa para ti ser *"rico"*, ¿cuál sería el primer pensamiento que tengas? Por supuesto, anticipo tu respuesta, conociendo la mente humana, tenderás a alinearte con lo que te acabo de decir, en cuyo caso, te felicito, porque asimilas el principio fundador de la mente subconsciente.

En efecto, algunos pensarían que ser rico es poseer 1 millón de euros, se dicen a sí mismos *"si fuera rico, compraría una casa, un coche deportivo, etc..."*. "Por lo tanto, están esperando y se sienten pobres porque no poseen, en el fondo de sus corazones se crea este sentimiento de *"falta"* (a menudo volveré sobre ello), se condicionan a la pobreza, mientras que si los pensamientos se orientan hacia la riqueza real, la salud, la naturaleza, los bienes que poseemos (incluso los antiguos), crean las condiciones que nos llevan al éxito, el sentimiento dominante en sus mentes es la abundancia, esto les proporciona un sentimiento de suficiencia, y viven felices.

Y hay mucho más, porque aportan tiempo y energía a los demás, lo que reciben a cambio es gratitud, amor o alegría.

Puedo deciros esto, para los que me crean, ya sois muy ricos, mirad a vuestro alrededor, ¿qué veis? ¿Relaciones? ¿Equipamiento moderno? ¿Tienes dinero en tu billetera? ¿Tienes un techo sobre tu cabeza? Por lo tanto, tenga en cuenta que "*usted es dueño, por lo tanto, es rico*".

Y me gustaría hacer una corrección en la forma en que percibes el dinero, probablemente sorprenderá a algunas personas, pero hacerse rico es dar, y hacerse más pobre es pedir, ¿no es extraño?

Es por eso que la mayoría de ellos no evolucionan, porque tienen una percepción inversa del dinero, que, les recuerdo, no existía en algún momento de la historia y no existe. Tampoco tiene el concepto de valor, porque, por ejemplo, si posee un automóvil antiguo, alinee sus pensamientos sobre la opinión colectiva, diciendo que es arcaico, que es una cuestión de naufragio, que provoca en sus corazones este sentimiento de empobrecimiento, al no escuchar a los demás, vería el lado funcional, la utilidad, un medio de locomoción que lo guiaría desde el punto A al punto B. Es un activo, una ventaja de sus esfuerzos, algo que posee, mientras que otros no lo hacen.

La mente humana a menudo tiende a mirar hacia arriba en lugar de hacia abajo. Envidias a los que van a restaurantes de lujo o conducen autos hermosos, que tienen millones de euros, quieres ser como ellos, cuando en esencia ya lo eres, lo que miras es la forma, En cuanto a los aspectos de su vida y comparándolos con los tuyos, hay en ti ese sentimiento de celos, esta necesidad de estar en ese alto nivel de existencia, y ¿qué pasa si te digo que puedes?

El dinero, el lujo y todo lo que gira en torno a él son solo aspectos técnicos, y los comparas con tu vida que consideras miserable, mientras que si miras por debajo de ti, hay individuos que no poseen lo que tienes, ya eres más rico que ellos, y cada cosa que posees solo tiene el valor que le das (también volveré sobre ello)

Déjame darte un ejemplo .... ¡Toma un bolígrafo, mira! ¿Cuánto crees que vale? ¿€ 0,50? Ahora, imagina que tienes en la mano el bolígrafo que *Justin Bieber* usó para escribir su última canción y firmar autógrafos. Puedo garantizarte que le darías mucho más en términos de valor, tal vez 50,000 euros a más de 10 millones euros ¿Por que? Porque valoras las cosas como las valoras y eso es lo que sucede en una subasta, si el *Leonardo Da Vinci* no hubiera pintado el *Jonconde*, o si no fuera famoso, solo sería ¿Un lienzo como tantos otros, con sus similitudes, pintura, lienzo, marcos, madera, barniz, etc ...?

Si todos ustedes tienen un televisor en casa, considérenlo como un bien, lo que han ganado, lo que está en su posesión, y el valor para darlo es el resultado de su trabajo, se utiliza todos los días para ver series o películas.

Otra de las razones por las que te crees pobre es la poca consideración del valor de algo de la naturaleza, que puedes encontrar en todas partes, en el bosque, en las montañas o junto al mar.

Para ser rico en tu mundo exterior, tienes que ser rico en tu mundo interior, ya sea en la forma en que te sientes próspero o en la forma en que consideras el valor de las cosas que encuentras en tu vida.

Para llegar al comienzo de este juego, si estuvieras solo, ¿con quién contarías? ¡En persona excepto tú mismo! No espere a que alguien lo ayude y lo ayude a quedarse, ¿quiere beber? ¡Entonces, ve por millas para encontrar agua! ¿tienes hambre? ¡Entonces cazar! No espere hasta que llueva o el conejo que quiere comer suene en la puerta con sus pequeñas patas.

La mayoría de las personas no se las arreglan porque confían demasiado en los demás y esperan demasiado de la vida, afirman, quieren...... Necesitan........., celosos de los que triunfan, mientras que no sacan de su propio tesoro, codician los de los demás.

Reestimar su valor, y verás, te convertirás rápidamente en millonario, en una silla de 15€, estimar que vale 50€, o incluso 100€, pero al final, el valor real está en cada uno de nosotros, y es lo que tenemos para ofrecer lo que nos hace ricos, que no tiene nada que ofrecer y que dice ser pobre.

Espero que empieces a entender el matiz y que tu percepción cambie en el dinero, piensa de esta manera y tu vida será más soportable, pon tu vida en perspectiva, ya es muy rica.

Las nociones de dolor y placer

Todos tenemos sueños que nos gustaría que se hicieran realidad, pero ¿cómo los cumplimos?

Yo fui como tú durante mucho tiempo, y la vida me ha enseñado que lo más importante es estar satisfecho con lo que ya tienes, aprender a apreciar lo que tienes. Mira fuera de tu casa, ves gente que tiene muy poco, a la que le gustaría tener lo que tienes, un techo sobre tu cabeza, un televisor y todas las comodidades modernas.

Pero en el fondo, queremos cada vez más, ante la obsolescencia de los equipos que tenemos, un argumento utilizado por los fabricantes de teléfonos móviles o electrodomésticos. Y por supuesto, caemos en la trampa.

Entonces, ¿qué significa la noción de dolor y placer? es simplemente el hecho de estar satisfecho con lo que tienes aunque lo quieras todo y de inmediato, lo que mucha gente suele hacer, pero a través de eso, si gastas tu dinero en equipos más modernos, sin esperar, te parecerá moralmente doloroso no tener los medios para ofrecerte las vacaciones de tus sueños, por ejemplo, todo esto porque querías ofrecerte un equipo más moderno y rehacer tu hogar.

Sin dolor, no hay placer y a la inversa, se trata de hacer grandes sacrificios para conseguir lo que se quiere, apartar, trabajar más duro, invertirse a fondo diciéndose que al final te espera una bella recompensa, aunque los primeros resultados sean insatisfactorios, ¡no dejes de intentarlo!

Para ir más lejos

¿Conoces la teoría de la pelota de Ping-pong? ¿No? Por supuesto, lo acabo de inventar. (creado por el autor para este libro).

Para hacer esto, imagina un vaso de agua medio lleno, ¡representa el mundo en el que vives! El líquido corresponde a la pobreza en general y el aire en el vaso simboliza la riqueza. Se trata de dos entornos distintos.

Entonces imagina una pelota de ping-pong, es sobre ti, la cáscara representa tu envoltura carnal, y dentro está el aire o el agua, es tu entorno interior, tu mundo, tu manera de pensar.

Si la bola está llena de agua, permanecerá en el fondo del vaso en un ambiente de agua, pero si está llena de aire, flotará en un ambiente de aire.

Este fenómeno es universal, el mundo interior corresponde al mundo exterior, su entorno exterior siempre reflejará lo que piensan, y sin embargo, el líquido en el vidrio no cambia, la bola no cambia, es solo lo que sucede dentro lo que varía.

Teoría de la pelota de Ping-Pong

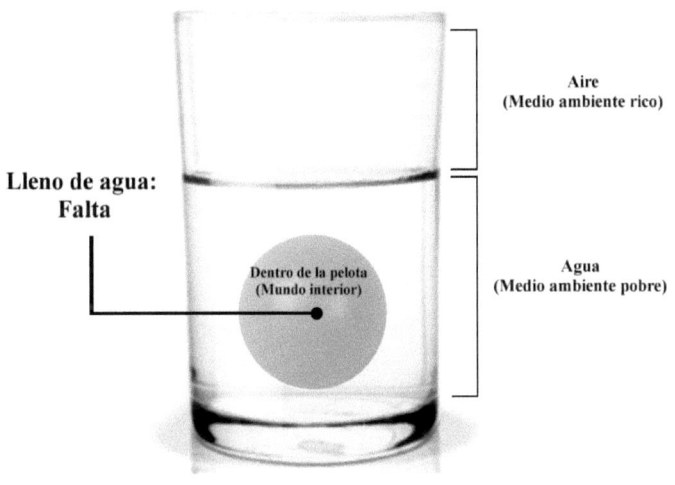

vaso de agua
(mundo exterior)

Aire
(Medio ambiente rico)

Lleno de agua:
Falta

Dentro de la pelota
(Mundo interior)

Agua
(Medio ambiente pobre)

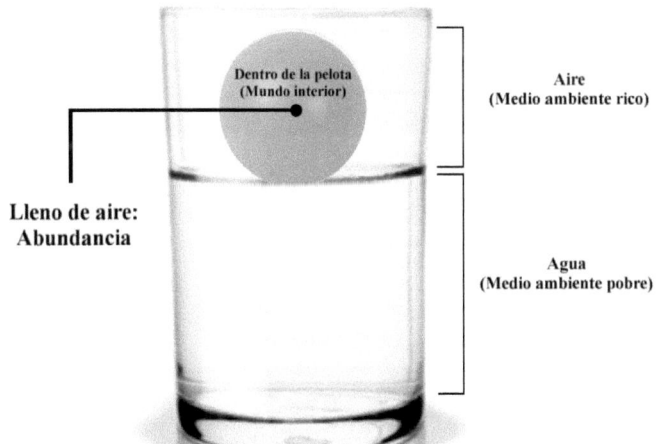

vaso de agua
(mundo exterior)

Dentro de la pelota
(Mundo interior)

Aire
(Medio ambiente rico)

Lleno de aire:
Abundancia

Agua
(Medio ambiente pobre)

El exterior refleja el interior

De acuerdo con la teoría que acabo de mencionar, la pelota de Ping-pong representa tu burbuja, y dentro está la percepción que tienes de tu mundo exterior, está en perfecta armonía con lo que piensas y sientes. La pelota no pone ninguna resistencia y siempre estará en el mismo ambiente. Si hay aire dentro, el exterior será el mismo.

Por lo tanto, para que la ley del atractivo para el trabajo, usted tiene que seguir siendo auténtico. Lo que está sucediendo, y por qué no estáis evolucionando, inmersos en el mismo ambiente, es que en el fondo no creéis en él, incluso si todos os dais los medios para lograrlo. Por un lado, creas las condiciones externas creando tu propio negocio por ejemplo, y por otro lado, tu subconsciente y siempre orientado hacia la necesidad, el deseo de tener éxito y ser rico. Este conserva toda su autenticidad.

Si estás necesitado o esperando algo, un resultado o una ganancia de dinero, eres similar a un pobre que pide limosna al universo, la señal que envías a todo lo que te rodea es que no tienes. Podríamos compararlo con las interacciones humanas, cada individuo que conoces en tu vida es solo un reflejo de ti mismo, de la forma en que lo percibes y te comportas con ellos. Lo que liberas en tu interior lo sienten los que te rodean. A su alrededor está su burbuja vibratoria que envía una señal a su entorno.

El problema es doble, por un lado, al querer situarse por encima de los demás, los ves más pobres que tú, los ves esperando la satisfacción de una necesidad que te gustaría satisfacer. Por otro lado, tienes la misma necesidad cuando quieres vender, pero nadie puede comprarte nada, porque los ves pobres, aunque sientas que el banco no tiene los medios financieros para ayudarte a percibirlo de la misma manera. En realidad, quieres vender lo que no tienes a gente que no tiene nada. En este caso, tu interior refleja el exterior.

Para optimizar tus posibilidades de éxito, debes pensar de manera diferente, no en términos de necesidades o expectativas, ver a los demás y tu entorno como tu propia reflexión, ver la insospechada riqueza de cada una de las personas que conoces, sin ver sus condiciones sociales o su cuenta bancaria, ver solo lo humano, y todo el mundo puede dar a los demás. Mira todas las riquezas de este mundo, lo que la naturaleza puede darte, lo que tú posees gracias a ella, la vida, la salud, el placer de mirar bellos paisajes, eso es lo que es un verdadero tesoro, todos lo poseemos en cada uno de nosotros.

Vuelva a aprender de nuevo lo que significa ser rico, y se sorprenderá de lo que sucederá en su vida. Sin embargo, no intentes engañar a tu mente subconsciente, que solo acepta lo que es auténtico. No engañarás a un banco con un cheque falso que has hecho, porque tu subconsciente es el mismo, tu imaginación no será suficiente para cambiar tu condición social sin percibir el mundo exterior con un ojo diferente, y sin reconocer en el fondo que ya eres muy rico, no es suficiente pensar así, debes tener la convicción íntima, y se trabaja en ello.

¿Cómo enriquecer tu mente?

A través de la formación. Tu mente subconsciente ya está condicionada por la vida que llevas, teniendo poco conocimiento, descubrirás tesoros en los libros. Muchos autores te traerán otra filosofía de la vida, para ver de otra manera, no bastará con leer, sino invertir 100%, sumergirse, impregnarse, estar en la cabeza del autor, de los que han tenido éxito, tendrás su punto de vista sobre el mundo.

Por otro lado, si no estás interesado en la lectura, significaría que no estás interesado en el universo de los grandes pensadores de este mundo, sin embargo, es una de las personas más exitosas de su tiempo y una que inspiró a otros después. A través del fruto del conocimiento, tendrás, a través de la instrucción, mucho que ofrecerte a ti mismo y a los demás, también podrás compartir. El poder del conocimiento es mágico, te abre puertas que ni siquiera tú hubieras podido atravesar por falta de confianza y de conocimiento.

Además, tu subconsciente aceptará esta nueva información auténtica, será parte de ti mismo, no lo estás inventando, porque viene del mundo exterior. Acostúmbrate a pensar que ya tienes todo a tu disposición para ser rico. Manténgase enfocado en la abundancia y no en la falta. No mires lo que está pasando, no codicies, no te pongas celoso, todo lo que necesites, ya lo tienes, ¡depende de ti saber usarlo disfrutando de lo que ya tienes!

CAPÍTULO 6: LA DOMINACIÓN EXTERNA DE LA MENTE SUBCONSCIENTE

«Primero debemos construir una sociedad, donde el acto personal encuentre un valor mayor que la fabricación de las cosas y la manipulación de los seres. »
(Ivan Illich)

¿Es posible dominar la mente subconsciente?

Mi respuesta clara es sí, para demostrarlo, ya existen prácticas probadas llamadas lavado de cerebro.

Ustedes han sido víctimas de ello desde una edad temprana debido a los adultos y las amistades que han influenciado, o incluso modificado, sus sistemas de creencias hasta el punto de que es parte de ustedes.

¿Cómo funciona el sistema? El tema está aislado, en las garras de nuevas ideas que constantemente se están martillando. Este principio ya se vio durante la Segunda Guerra Mundial con la juventud de Hitler, o más recientemente con terroristas que utilizan técnicas de adoctrinamiento y condicionamiento mental para inducir a los sujetos a cometer actos moralmente desafiantes.

Cuando el individuo es joven, se encuentra en la fase de descubrimiento, asimilando algo al dolor o al placer, y esto queda mejor grabado en el subconsciente.

Para los adultos, tampoco es imposible, pero la fase de desindoctrinación es más fácil de deshacer, simplemente recuperando el viejo sistema de creencias.

Recientemente, tuve la oportunidad de leer el libro de Anthony Robbins "El Despertar del Poder Interno". En el interior, el autor evoca manipulaciones partidistas de la Guerra de Corea, obligando a cientos de estadounidenses a federarse con el régimen comunista e indirectamente traicionando a su país, y firmando documentos que alaban los beneficios del comunismo. . Para sus familiares y oficiales, eran fervientes patriotas estadounidenses, ¿qué los llevó a unirse al campamento enemigo y sus ideologías?

Los coreanos han usado una técnica bastante

eficiente que yo llamaría "*sumisión volunta-ria*" (técnica que todavía se usa hoy).

El sujeto está encerrado en una celda, y sus captores lo visitan regularmente, no para torturarlo, sino para obtener noticias, ofrecerle cigarrillos, alcohol, comida y revistas que promuevan los méritos del régimen comunista, le proporcionan muchas herramientas de propaganda y discuten con él en términos amistosos.

Al ganar capital de simpatía, sin forzar para extorsionar información, el sujeto les da de sí mismo e indirectamente durante conversaciones simples, volviéndose más cómodos con el enemigo. Es un proceso muy largo, pero vale la pena por su eficacia. Lo que está ocurriendo es una forma de adaptabilidad del entorno circundante. Con el tiempo, el prisionero se acostumbra a las paredes, solo ve eso a su alrededor, así como a los coreanos que le parecen simpáticos a primera vista.

Esta misma técnica empuja decididamente a los católicos a convertirse en musulmanes extremistas, lo que demuestra la fragilidad del espíritu humano, que sigue siendo muy maleable para algunos.

Hipnosis consciente e inconsciente

Hay una diferencia entre las dos fases del control mental, en primer lugar la de la transmisión directa de las sugerencias en estado de vigilia, y la otra en estado de sueño profundo. Los usos son muy variados, hay ante todo el que contribuye al bienestar, es la hipnosis terapéutica cuya medicina empieza a abrir sus puertas, se trata de una curación subjetiva, muy útil para los individuos que sufren en particular de hipocondría. Los psicólogos practican métodos relacionados con la hipnosis, invitando al paciente a dormirse. Cuando entran en su interior (el subconsciente), y con la ayuda de la información proporcionada por el paciente, detectan los elementos que causan los trastornos de su vida diaria.

A esto se suma la auto hipnosis terapéutica, que consiste en convencerse a sí mismo (auto convicción), ya sea en estado de vigilia o de sueño.

Estas dos formas (y otras), incluyen sugerencias en el subconsciente, luego las usan en el inconsciente para hacer combinaciones con la información recolectada, para crear nuevas neuro-asociaciones que modificarán los campos de valor.

También está la hipnosis del mundo del espectáculo que solo sirve para distraer al público, ya sea en una habitación o en la calle. Las sugerencias se pueden hacer conscientemente, es decir, el espectador ni siquiera se da cuenta de que ha sido hipnotizado, así que lo vemos dando sin darse cuenta, firmando un documento, dando la impresión de estar ausente, perdido en el pensamiento, respondiendo directamente a las sugerencias del hipnotizador. La interacción también puede ser pasiva, es decir, el espectador está en una fase de sueño profundo, podemos ver su cuerpo endurecerse como una viga de acero, y soportar el peso de quince personas sobre él.

Luego, y por último, está la hipnosis para fines específicos, utilizada en fases de espionaje o de adoctrinamiento.

Se han realizado experimentos con individuos jóvenes. Tuvieron que ponerse los auriculares en los oídos antes de dormirse. La cinta que iban a escuchar tenía un espacio en blanco de unos 30 minutos, que se esperaba que estuviera esperando un sueño profundo.

Antes habían hecho ejercicios de resistencia para cansar el cuerpo, ejercicios de lectura y concentración hasta que se sintieron cansados. Estaban encerrados en una habitación blanca insonorizada, dentro de la cual había un sillón tipo cóndor (sillón de espuma para la relajación, todavía disponible en el mercado).

En primer lugar, estaban en un estado de relajación, los jóvenes tenían que relajar sus cuerpos, se ponían los auriculares y se dejaban sumergir en un estado de sueño profundo.

En la cinta magnética se escribieron sugerencias subliminales acompañadas de música suave que acunaba a los participantes. Al final de la sesión, la cinta sugería que se despertaran, y sin darse cuenta, habían grabado nueva información, luego tuvieron que responder una serie de preguntas, y los resultados fueron sorprendentes, 85% de ellos pudieron responder todas las preguntas correctamente, solo 15% del grupo restante, o no pudieron terminarlo, o respondieron solo unas pocas preguntas.

Esto muestra el poder del inconsciente. Edgar Cayces es un ejemplo. Este hombre no sabía nada de medicina, pero en su juventud, y bajo la hipnosis, fue capaz de dar diagnósticos precisos y tratamientos apropiados a personas con trastornos que ni siquiera los médicos certificados podían tratar o incluso entender los síntomas.

La hipnosis puede funcionar de dos maneras, en un estado de sueño profundo y despierto, y puede ser utilizada con fines terapéuticos o para obtener información.

Había también lo que yo llamaría hipnosis del espectáculo, en Francia (también para dirigirse al público extranjero), había un espectáculo de hipnosis, los invitados estaban bajo la influencia de un hipnotizador llamado Mesmer.

Estaban en situaciones improbables, como participar en un programa de televisión llamado "*The Bachelor*" donde uno de ellos tenía que casarse con un pony, otro que pensaba que era un vampiro, y otro que realmente pensaba que estaba en una cabina de pilotaje mientras estaba en un simulador de vuelo......El debate sigue abierto, aunque la cadena que emite este programa se defienda de todo engaño, la duda sigue estando permitida y cada uno mantiene su propia opinión. La técnica de Mesmer se llama "*hipnosis consciente*", el sujeto no se encuentra directamente en un estado de sueño profundo, el hipnotizador tiene prioridad sobre la conciencia al dominarla, con una mano desvía su atención antes de ponerla a dormir, luego se comunica directamente con el subconsciente dándole instrucciones. Hablamos entonces de receptividad, es decir, que la conciencia deja pasar la información, a diferencia de los que no son receptivos, todavía hace resistencia, como Gandalf (personaje del Señor de los Anillos), desde la cima de su montaña y blandiendo su bastón gritando "*¡no pasarás!* ".

Personalmente, creo en ello, otros son libres de validar o no el poder de la hipnosis consciente. Por lo demás, el caso Mesmer sigue siendo un misterio. El control de la mente humana ha existido desde los albores del tiempo, pero la hipnosis experimentó su edad de oro hacia finales del siglo XIX. No obstante, mencionaré un período en el que ya se ha utilizado muchas veces.

Durante la Guerra Fría, Rusia y Estados Unidos sospechaban el uno del otro, se reclutaron agentes para averiguar un poco más sobre las intenciones del otro espiándolos. Para asegurar que ninguno de ellos revelara información que fuera útil para el enemigo, para algunos estaban hipnotizados, los detalles de sus vidas se dormían, mientras se creaba una nueva identidad, estos agentes (rusos y americanos) estaban convencidos de que estaban del lado del enemigo, así que cuando uno de ellos fue capturado, y tuvo que pasar un detector de mentiras, no se reveló ninguna información sobre sus vidas reales.

En otro caso igualmente perturbador, en Rusia, un hipnotizador había logrado eludir todos los sistemas de vigilancia del Kremlin, había logrado pasar sin problemas a la escolta de Stalin hasta que estuvo lo suficientemente cerca de él. Stalin, temeroso de su seguridad, ordenó que lo metieran en la cárcel. Anteriormente, este individuo había logrado obtener una cantidad significativa de dinero de un banco del cajero, utilizando un simple libro blanco, que aparecía como un documento oficial en la mente de la persona que iba a darle un maletín lleno de notas. El hipnotizador, una vez que se había ido, dejó su simple hoja de papel en blanco al cajero, quien pronto se dio cuenta del engaño. Afortunadamente para él, el experimento estaba destinado a un documental sobre la hipnosis, el dinero fue devuelto al banco sin demasiados problemas.

Principio de la esponja

Para describirte el proceso, tomemos una esponja, y sumerjámosla en un recipiente de agua teñida de rojo, si hacemos esto por varios años, se volverá todo rojo, habrá tomado el color del agua.

Si tomamos esta misma esponja, y la sumergimos en una palangana teñida de azul, los pigmentos rojos que se impregnan, incluso mil veces, permanecerán rojos, y con el tiempo, repitiendo la operación durante varios años, comenzará a tornarse púrpura, el color rojo que se impregnará durante mucho tiempo.

Ahora, supongamos que existe la posibilidad de eliminar los pigmentos rojos, poniéndolos en un recipiente de agua clara, antes de sumergirlos en un recipiente de agua azul, el primer tinte se desvanecerá con el tiempo, dando paso a un magnífico tinte azul.

Fases de creencias, miedos y adoctrinamiento

El miedo es una buena herramienta para la propaganda, no dejando más remedio que cumplir con las exigencias de los dominantes, o nos adherimos o sufrimos, lo que se reduce a *"obtener bajo coacción"*.

Esta técnica es utilizada por los terroristas, entre otros, pero sus mensajes también son transmitidos por los medios de comunicación. No me refiero a los periódicos ni a las noticias de televisión; en estos casos, serían cómplices en la distribución de su propaganda, aunque los medios de comunicación operan de manera diferente para transmitir estos mensajes, a través de Internet, entre otros medios.

Hablando de los medios de comunicación, algunos (a los que no puedo nombrar) utilizan métodos para conseguir que un candidato sea elegido en las elecciones presidenciales, presionando tanto como sea posible por para traer información a nuestro subconsciente, practican una forma de "vice repetitas", la información es que se repite regularmente en la televisión, la radio, los periódicos e Internet.

Si tomamos el nombre de *Jean-Manuel Macrochon*, candidato de "*La France en Marche*", por ejemplo, su nombre se repetirá más de 20.000 veces en solo dos días, una forma de sugerencia inconsciente, el programa de televisión se adaptará para crear conexiones neuronales, representando a un candidato peludo, haciendo que su rival, el candidato de "*La République en chemise*", *Florent Fabiozy*, palidezca, cuya armadura en su corona deleitaría a los peluqueros. La ventaja de este último es que no tiene ni un solo pelo blanco.

El método de repetición también es utilizado por los anunciantes, que marcan un eslogan llamativo, pero también por los mentalistas, expertos en manipulación mental. Se basan en el comportamiento del cuerpo, sin que la mente humana tenga secretos para ellos.

El mnemotécnico, trayendo su punto de referencia de vuelta a la elección de un color por ejemplo, rojo, hay en el escenario, un extintor de incendios, un tomate, un panel STOP y muchos otros objetos de este color, que se han colocado voluntariamente para que su atención se centre en ellos. Como resultado, el mentalista no lee tu mente, sino que inconscientemente la dirige, solo tiene que ver dónde están tus ojos (necesariamente un objeto rojo), y te dice "¡Apuesto a que has elegido este color! ", respondes atónito "¿cómo lo hiciste? "(tenga en cuenta que la parte también es roja). La única cosa que podría engañar a un mentalista en este caso es que eres daltónico de nacimiento, así que no hay un punto de referencia visual.

El campo de la síntesis, que consiste en que el mentalista te pida al preguntas preliminares relacionadas con este color, indirectamente, te condicionará. Por ejemplo, comenzará a hablar de los bomberos en esta entrevista con usted, le contará anécdotas sobre este color (rojo), indirectamente, su mente lo asimilará, el punto de origen analizando esta información en relación con lo que usted ya sabe.

El peligro de las sectas y otras organizaciones

Personalmente, no te estoy pidiendo que te adhicras a todas mis creencias, solo estoy hablando de un tema en mi libro, de un tema muy específico, y de la información que tengo. Me refiero, por supuesto, a las sectas y otras organizaciones similares.

Es posible manipular a los individuos en masa, y que los más débiles en mente sean guiados por el miedo y la falta.

Por ejemplo, si alguien encuentra dificultades en la vida, le deja un terreno fértil para manipular fácilmente su mente.

De hecho, ¿qué busca el individuo medio? Seguridad y dinero, le gustaría ver desaparecer sus problemas, siempre acosado por los acreedores, sin encontrar los medios para resolver sus dificultades, y también tener el consuelo financiero para protegerlo a él y a su familia.

Debes ser consciente de que este tipo de individuos pertenecen a una esfera a la que nunca llegarás, excepto por tus propios medios y usando tu cabeza. Usan tu debilidad mental, juegan con tus esperanzas de una vida mejor, cuando solo tú puedes decidir lo que quieres.

CAPÍTULO 7: EXCEDA SU PÉRDIDA DE CONFIANZA

«La creatividad es una flor tan delicada que, aunque los cumplidos la hacen florecer, el desaliento puede impedir que florezca.»
(Alex Osborn)

Confianza en sí mismo

Lo que estás dentro de ti mismo, se encuentra fuera, es una verdad universal que se puede encontrar en libros como la Biblia que debe ser interpretada como una colección de verdades.

Si tienes una percepción muy negativa de la vida, tienes que redirigirla hacia lo positivo, eres capaz de hacerlo, otros han estado antes que tú, y otros estarán después de ti.

Piensen en todos aquellos que han tenido éxito brillantemente en sus carreras, no ha sido por casualidad, porque han llegado a creer en sí mismos que pueden hacerlo.

¿Cómo funciona el sistema? Mira a tu alrededor, a tu familia, a tus amigos, ¿por qué te perciben de una manera y no de otra?

Porque dependiendo de cómo te comportes con los demás también determina cómo reaccionarán a ti, es el principio de causa y efecto.

Pero cuidado, para mejorar tu mundo exterior, primero debes hacerlo dentro de ti mismo, percibir los acontecimientos de una manera positiva, lo que yo llamo el proceso de "auto convicción".

Debes ver con un nuevo ojo todo lo que ha empañado tu vida, formar otro condicionamiento de tu subconsciente, sacar fuerzas de las debilidades, ahuyentar al "*gran Lulu*" que te destruyó, así como a todos los demás que te han degradado. Eres el único capitán de tu barco invadido por amotinados, que no son más que los malos pensamientos adquiridos por otros, los echan por la borda y siguen navegando solos.

Cuando ves a personas que no te escuchan, que tienden a depreciarte o explotarte, ¡aléjalos! Solo ralentizan sus planes, las personas a evitar son los planificadores, los especuladores, los mentirosos y los tramposos, son personas que contaminan su mente, en la medida de lo posible, dejan de pensar o salen con ellos y regresan. En el centro de tu éxito, tú y lo que haces para progresar.

La envidia y los celos son lo que dominan a los débiles, son sinónimos de carencia, y en este caso la mayoría de la raza humana pertenece a esta categoría que no explota la riqueza que el mundo puede proporcionar.

¿Y si te dijera que ya eres muy rico? Puedo decirte esto, porque la vida es un regalo muy hermoso que no debes descuidar, aunque pienses en su dureza, nos permite mucha interacción con el mundo exterior, disfrutas del mundo que te rodea, del aire que respiras, descubres la naturaleza y compartes emociones con otras personas, lo que ya no puedes hacer una vez muerto, algunos dirán *"¡genial! ¡Así me olvidarán!"* pero en este caso, ¿por qué quieres tener éxito? ¡Esto significa darse a conocer!

¿Honestamente crees que *Bill Gate*, si hubiera tenido ese tipo de pensamiento, habría llegado a donde está ahora? Por supuesto que no.

Lo que está mal es que estás viendo a la gente equivocada que está muy contenta de no verte evolucionar, que se vuelve a los correctos, a los que tienen educación, que tienen éxito social y financiero, y que buscan ayuda de ellos.

Además, para volver a lo que dije sobre la riqueza, ya están comparados con algunos países del mundo, contemplan el paisaje cuando un ciego no puede, oye música, pero para un hombre. Sordo, no conoce la magia de un sonido y un silencio no puede crear un programa de radio (por ejemplo), cuando puede permitírselo.

A la mayoría le gustaría tener lo que tienes, un techo sobre tu cabeza, un coche, Internet y comida, imagina que en los países más pobres, hay gente que no tiene acceso a todo esto.

Para poner las cosas aún más en perspectiva con todo lo que acabo de decir, cantantes como *Andrea Bocceli* o *Gilbert Montagné* se hicieron famosos, pero eran ciegos de nacimiento, *Philippe Croizo*n, a quien ya mencioné en mi primer libro, no tenía brazos ni piernas y, sin embargo, logró cruzar el Canal de la Mancha a nado, y con la fuerza de su voluntad, lograron que una que nadie con todas sus habilidades físicas podría hacer.

Relativiza con todo esto, eres capaz de todas tus funciones, visuales, motoras, auditivas, posees una riqueza insospechada, cuando entiendes esto, puedes decir que ya eres rico en tu vida.

Para ir más allá de lo que la vida tiene para ofrecerte, primero debes apreciar lo que ya tenemos, cuando esta noción entre en tu mente, entonces, todo es posible, ¡convéncete de ello!

¡Ahora dilo dentro de ti y métetelo en tu mente! «¡SÍ! ¡PUEDO HACERLO! »

Y para concluir, convencete de una cosa también, nada es simple en la vida, pero con mucha voluntad, ¡puedes hacer cualquier cosa! No será obvio al principio, pero no deberías detenerte en los fracasos, es precisamente la base de tu éxito, y muestra que lo has intentado, ¡mientras que otros pasan sus vidas rumiando que no tendrán éxito! En este caso en particular, imagina el número de talentos potenciales que han caído en el olvido, están enterrados en la mente de su creador, al igual que su cuerpo físico, encerrados en una caja de abeto.

Coca Cola, el primer año de su creación, no fue un éxito rotundo. Esta empresa, que solo ha vendido unas veinte botellas, se ha convertido en un grupo muy grande que vende sus bebidas en todo el mundo y que pesa miles de millones.

Si tienes esta profunda convicción en ti, te sorprenderás de lo que podrías lograr. Actúa desde el fondo de tu corazón y de todo tu ser, sé impulsado por este impulso de éxito, cree en ti mismo y cambia tu percepción del mundo que te rodea.

Fracasar es una lección de vida

Todos nos enfrentamos durante nuestras vidas a los fracasos que nos llevan a rendirnos desde el primer intento. Incluso si lo intentas varias veces, te encuentras frente a una pared, como si algo no funcionara, y te da la sensación de que nada es posible, incluso para proyectos futuros.

Así que recuerda esto, cuando lo intentamos, es porque queremos mejorar, pero cuando los fracasos son demasiado frecuentes, en algún momento de nuestras vidas, nos damos por vencidos, y pensamos, ¿por qué molestarse de nuevo?

Y esto te programa para que permanezcas en tu zona de confort, creyendo que todo lo que has emprendido durante mucho tiempo estaba condenado al fracaso, este estado te parece permanente pero nada está congelado en el tiempo. ¿Qué está pasando? ¿Por qué siempre fallas? Porque en el fondo, eso es lo que inevitablemente sucederá. Es importante que recuerdes esto, lo que eres por dentro se reflejará hacia fuera. Incluso si las circunstancias externas no lo permiten, queda permanentemente convencido en el fondo, y a pesar de los intentos fallidos, ¡tendrás éxito!

Esto no sucederá en un día, de hecho, usted se ve arrastrado a un ciclo que, pase lo que pase, lo llevará al fracaso, no quiero asustarlo ni desanimarlo diciendo eso, pero simplemente estoy diciendo que no todo sucederá al día siguiente.

Si después de un año no pasa nada, ¡no te preocupes! Dígase a sí mismo que la espiral en la que se encuentra se está encogiendo, solo que no debe darse por vencido o dejar que los viejos hábitos dominen, a medida que comience, también iniciará un nuevo ciclo orientado hacia lo positivo, cuyas circunstancias traerá creará una nueva espiral que crecerá a través de un fenómeno de causa y efecto, y reducirá el impacto del universo negativo que usted mismo ha creado para sí mismo. Nunca tengas prisa por obtener resultados, ya que esto te coloca en un patrón de falta. Solo haz lo mejor que puedas cada día para mejorar tu situación, será difícil, lo sé, pero lo más importante es siempre creer en ello, tener fe. ¡Crea la causa, y obtendrás el efecto!

Lo que yo recomendaría es que empieces ahora sin encontrar excusas, son los débiles los que tienen excusas, no las personas que quieren fortalecerse internamente.

No podrás reemplazar en una sola vez veinte años de desgracias y fracasos, en el mejor de los casos, te llevará un año completo hasta tres años, en el peor de los casos, puede llevar años, pero en cualquier caso, aunque no tengas la vida deseada el primer año, sentirás los impactos en tu vida diaria, notarás los cambios en tu entorno, serán pequeñas señales, atenciones que te darán, incluso las personas con las que no has tenido contacto desde hace mucho tiempo, volverán a ti, ¿por qué? porque todo lo que traigas al universo habrá comenzado a funcionar. ¡Tan pronto como veas las primeras señales, significará que estás en el camino correcto, así que cuando esto suceda, no te sueltes y sigas adelante, ¡no dejes que la fatalidad que creaste en tu vida te domine!

La fuerza de los hábitos

Si te pones a trabajar todos los días, no importa cuánto tiempo pases en ello, se convertirá en tu hábito, tu subconsciente aceptará mejor los cambios con el tiempo.

Todo el mundo tiende a darse por vencido después de unos días, simplemente porque usted está en las garras de sus viejos hábitos.

Para un joven principiante en el mundo profesional, siempre está supervisado por un formador que explica cómo funciona su puesto de trabajo, y para alguien que hace bien su trabajo, le deja probarlo, ¿por qué?

Si el joven solo toma notas, puede aprenderlas de memoria, pero no tiene idea con qué asociarlas, no habrá referencia visual, táctil o auditiva, la memoria trabaja con los cinco sentidos, si no ve el objeto, que puede ser un ascensor, un ordenador o un vehículo de transporte, si la teoría no va acompañada de la práctica, sería como un verano sin sol, *Emmanuel Macron* sin *Brigitte*, *Donald Trump* sin *Mc Donalds* o *François Hollande* sin carisma.... (¡¡Olvidemos este último ejemplo...!!).

Solo para que sepan que leer el resumen de un libro no les cuenta toda la historia, e incluso estoy convencido de que la mayoría de ustedes que han visto mi libro y no lo han leído no obtendrán todos los beneficios, dirán que el tema es interesante sin conocer los detalles y los pequeños secretos, incluyendo el que me contaron hace algún tiempo en el casino de Chamonix.

En el caso de nuestro joven, tome notas y diga: *"¡Está bien, está claro! "* Es sólo para que el entrenador lo deje en paz, porque no parece muy entusiasmado si no hace una pregunta, a la mañana siguiente se perderá con sus malas notas.

Luego le hará preguntas como: *"¿Puedes mostrarme cómo hacerlo?* "Este último le explicará todo durante un período de 15 días a un mes (si después de eso, el joven todavía no entiende nada, es porque no muestra un gran interés en su trabajo).

Su mente subconsciente envía una señal a su conciencia exponiendo su gran interés o no en el tema expuesto, si es entusiasta, hará preguntas para recoger la información que falta, por otro lado, si su sentimiento es aburrido, lo rechazará por completo, su atención se centra en otra parte, en particular en la secretaria en la fotocopiadora que estaría curioso de saber durante el descanso para el café.

Además, el cambio de entorno modifica el subconsciente, aunque lo viejo permanece grabado en la conciencia, será almacenado en un lugar muy lejano en las profundidades de tu memoria y los sentimientos asociados a ella, en el fondo del subconsciente.

Al principio de su vida profesional, el estudiante conserva las huellas de su entorno escolar que dominan sus pensamientos que dominaron toda su infancia por la fuerza del hábito.

Cuanto más se adapte a su nuevo entorno y a sus costumbres, más dominará, dejando que los conocimientos que ha adquirido se le escapen por falta de práctica.

El subconsciente, un gran tomador de decisiones, ya no ve el sentido de conocer las matemáticas, la historia o el francés porque este joven individuo simplemente ha pasado a otra cosa.

Lo que le habría permitido mantener todas sus facultades cognitivas es la pasión, si un estudiante no tiene esta fibra en él, no puede hacer nada (desafortunadamente).

Ambiciones tan abusadas

*"Cuando crezca, seré oficial de policía, piloto de avión o astronauta........ "*Todos pensamos en nuestra futura profesión como niños, inspirándonos en personas conocidas como *Alain Prost* y *Michel Platini* (para los de mi generación), o *Thomas Pesquet* (para los más jóvenes), sin embargo, nuestros sueños seguían

siendo sueños, porque a medida que crecíamos, estos proyectos todavía parecían lejanos, en lugar de ver que nos estábamos acercando.

¿Cómo es esto posible? Nuestro sistema educativo nos habría permitido alcanzar más o menos nuestros objetivos si no estuviéramos distraídos por los espectáculos infantiles, los videojuegos o las películas, nuestras mentes estuvieran alejadas de la educación, la mente subconsciente rechazara mucha información útil para nuestra conciencia, porque hay un placer dominante, nuestros padres son en gran medida responsables de ello, dejándonos ver los dibujos animados o comprándonos una playstation (esto no existía todavía en mi época). ¿Han notado alguna vez que los más exitosos son precisamente los hijos de aquellos que han tenido éxito por sí mismos?

Una de mis ex novias cuando era más joven provenía de una familia cuya madre era maestra de escuela y cuyo padre era comerciante, mi ex novia se convirtió en maestra de escuela y, un poco más tarde, en directora de guardería con solo 23 años.

¿Cómo era la vida cotidiana de esta familia de la que yo era huésped? (todavía no me habían aceptado de la clase obrera). Cada mañana, el despertar era muy temprano, el desayuno equilibrado, y una cosa que hacíamos, porque me invitaron a ello, eran las bendiciones y la lectura de un pasaje de la Biblia, para mí era nuevo y pensé que venía de otro planeta, encontrando esto un poco "*curioso*". Lo más extraño, porque era la primera vez que veía esto en una familia, no había televisión, al menos, solo había uno que debía saber del nombramiento de *François Mitterand* como Presidente de la República, para decir que ya era mayor (estábamos en agosto de 2003). Se instaló en una habitación de abajo, almacenada entre libros viejos y cubierta con una sábana. Durante todo el período en el que conocí a mi ex novia, ella solo fue encendida una vez durante un partido de fútbol, siendo el padre un gran fanático. 1h30 de operación antes de ser cubierta con esta sábana.

Mi ex novia no sabía realmente de televisión, algunos de nosotros diremos que vivía en una cueva, pero eso es lo que le permitió dedicar toda su mente a la educación, ya que no sabía casi nada más que como distracción, su subconsciente la aceptaba por hábito.

Nosotros, los hombres pequeños que éramos, soñábamos con el éxito, con la celebridad, veíamos películas de nuestros actores favoritos, éramos solo espectadores.....

¿Y si hubiéramos aprendido a ser actores? Habríamos estudiado teatro, canto, matemáticas, nos habría permitido estar mejor educados, habría sido parte de nuestra vida cotidiana y nuestro subconsciente lo habría aceptado como ese viejo amigo que invitamos a tomar un aperitivo.

Afortunadamente para ti, como para mí, podemos invertir la tendencia y forzar un poco a nuestro subconsciente (si es que tiene uno), ¿quieres compensarlo? Muy bien, pero no lo alargues, el tiempo pasa a un ritmo tal que tu conciencia te dirá a tu subconsciente: «¡Estás demasiado viejo para eso!». ¡Atrévete a dar el primer paso! ¡Eso es lo más importante! No importa cuánto tiempo lleve, no pienses en términos de duración y vive en el momento presente, ¡hazlo! Deja de posponer a un año, dos años, tres años, ¿cuántos años tendrás cuando lo decidas? Sobre todo si se tarda diez años en conseguirlo, este mismo período se pospone cada vez.

¡Fuerza tu mente subconsciente, pon tu pie en el hueco de su puerta! Una casa siempre se construye con cimientos sólidos, si el trabajo es laborioso para construirla, entonces usted tendrá mucho tiempo para descansar en ella, orgulloso de los logros alcanzados. El esfuerzo por aprender, por abrir un libro, si no estás acostumbrado a él, al principio te parecerá aburrido, pero si alteras un poco tu subconsciente, no dejes que te domine, habrá dibujado tu vida lo suficiente, es hora de recuperar el control.

¡Destierra lo que amas y acoge lo que odias!

Este es parte del secreto del que te hablé en mi primer libro para los que lo han leído.

Si un gran pastel de fresa aparece en su mesa junto a una galleta de dieta, ¿qué elegiría? Lo último me dirías, es la respuesta consciente, la que todo el mundo podría decir por condicionamiento social, pero ¿te la comerías? Tu respuesta será "*por supuesto que sí*", es tu moralidad la que habla y no la mente subconsciente la que de vez en cuando mira la masa, te tienta y tratas de resistirte a ella.

Si ponemos sal en el pastel, ¿te lo comerías? Tu respuesta será claramente "*no*", tu subconsciente te enviará la señal de asco, puedes imaginarte su amargura, y sin embargo.... Si te comprometiera a comértelo por un cheque de 1000€, ¿lo harías? Tu respuesta parece cambiar, tu subconsciente actúa sobre las prioridades, y si te pido que lo hagas durante un mes, tu cuerpo lo encontrará incomestible, pero tu mente te pedirá más, porque se acostumbrará, destruyendo tu cuerpo en el proceso, eso es lo que pasa con los alimentos grasos, dulces o salados, no es tu cuerpo el que quiere más, es tu mente subconsciente la que ha asimilado estos datos al placer, especialmente teniendo a mano solo este tipo de comida, cuando fumas, consumes alcohol, o cuando tocas drogas, no alivia tu cuerpo de ninguna manera, lo destruye, pero los estímulos neuroasociados están en acción, y asimilan estas sustancias al placer.

Forzar el mecanismo asociando el alcohol, los cigarrillos o las drogas con el dolor, encontrar tantos sustitutos negativos como sea posible que causen rechazo, y cuanto más lo haga, más se acostumbrará su subconsciente a esta nueva información, en un día, no pasará nada, tomará por lo menos unos pocos meses, o incluso un año entero para salir de estas plagas.

El proceso también puede funcionar en la otra dirección, tomar un libro que normalmente no leerías porque lo encuentras aburrido o difícil de entender, acostumbrar tu subconsciente a los cambios, y tu conocimiento crecerá tan rápido como la facilidad y el deseo de continuar, incluso se convertiría en tu propia droga, adicto a la lectura.

Bueno en su cuerpo y bueno en su cabeza.

En Internet, hay muchos entrenadores de vida, dos de los más famosos son *Max Piccinini* y *Franck Nicolas*, que han escrito libros sobre el desarrollo personal que recientemente se han convertido en bestsellers (*Confiance Illimitée* para *Franck Nicola*s y *Réussite Max* para *Max Piccinini*).

Son exitosos, son símbolos de éxito, y eso demuestra que todo es posible, porque han tenido un viaje difícil, pero lo han conseguido, todo esto desde cero.

Como ya se ha mencionado en este libro, y un vídeo de *Max Piccinini* puede dar fe de ello, recuerda sus recuerdos de infancia, nacido en el seno de una familia modesta y residente en Estrasburgo, se encontraba en un clima insalubre en el que reinaban las disputas entre sus padres. Quería empezar un negocio, y no funcionó muy bien para él, ya que varios intentos lo llevaron al fracaso. Un día, su madre le regaló un libro de *Dale Carnegie* titulado *"Cómo hacer amigos"*. Al leerlo, entendió de dónde venía el problema y lo dijo él mismo en este vídeo titulado *"mi historia"*, para cambiar su mundo exterior, tuvo que cambiar su mundo interior. Reemplazando cada vieja creencia con otras nuevas que siempre se tiran hacia arriba, paso a paso, él sube la escalera. Actualmente, es millonario y sigue ejerciendo como coach de vida en desarrollo personal organizando seminarios.

Los mensajes que transmiten en las redes sociales en un bucle, ya sea de Max o de otra persona, conducen a un único objetivo, el descubrimiento del propio *"yo superior"*.

El punto en común entre estos entrenadores es que exceden sus habilidades, nos muestran cómo no rendirse nunca. Practican deportes y entrenan diariamente, y además, están constantemente en busca de lo que podría empujarlos más allá de lo que conocen. La lección que nos dan es que, a pesar de todos los objetivos alcanzados, debemos continuar y nunca dejarnos llevar.

¿Su secreto? Un estilo de vida saludable, tanto mental como físico. Porque no basta con redirigir la mente hacia lo positivo, es necesario mantener una constancia en los pensamientos, no se hace de una sola vez, y la perseverancia vale la pena.

Junto a ellos, un individuo que vive en lo que podría llamarse *"la clase media"* parecería tener un retraso en el crecimiento. Sin entrenamiento, su cerebro, que es delgado en conocimientos y entrenamiento, hace lo que podría llamarse una "*avería*".

Con las herramientas del conocimiento, serás un poco más cultivado, y el entrenamiento físico, te sentirás mejor contigo mismo y tus complejos disminuirán, se dará un gran paso y solo tendrás que adquirir confianza en ti mismo con el tiempo, vendrá naturalmente, y si haces violencia hacia ti mismo, imponiéndote un ritmo diario, entrará en tu patrón de comportamiento y eso inconscientemente.

Un levantamiento de pesas profesional siempre comienza con pesas pequeñas para preparar sus músculos para levantar más y más peso. Quiere ser el mejor y siempre mejorar, pero es consciente de que para llegar a este nivel hay que ir poco a poco.

Una persona que quiera ponerse culturismo solo para imitar a sus compañeros de clase o impresionar a su novia, hará "*un colapso*", levantando 25 kg de peso sin preparación y con dificultad.

Por supuesto, hay gente por encima de ti, pero ¿a qué se debe su éxito, por quererlo todo y ahora mismo? No, a través del trabajo duro, empezaron en la parte inferior de la escalera en su mayor parte, sin pretensiones, evolucionaron en la vida gradualmente, comenzando con lo que era accesible para ellos, luego, poco a poco, continuaron creciendo. Por encima de todo, hay que adaptarse antes de poder progresar.

Acondicionarás tu cuerpo para que acepte cargas cada vez más pesadas, y es el mismo viaje que hace la cultura literaria, no hay vergüenza en empezar por lo más bajo, nuestro cuerpo y nuestra mente necesitan acostumbrarse al nuevo régimen, y todo esto por la fuerza de la costumbre.

Luchando contra el deseo de rendirse

Ya fuera por este libro o por el primero, muchas veces sentí que me iba a rendir, sin pensar que iba en la dirección correcta, pero me comprometí firmemente a terminarlo a toda costa. La prueba está aquí, en sus manos.

Hay un pequeño diablillo en cada uno de nosotros que nos anima a rendirnos fácilmente, hay días en los que no me sentía en condiciones de continuar, y sin embargo lo hice.

Tantas veces, somos absorbidos por la espiral del abandono (¡recuerda! los *"ciclos"* de los que hablaba en mi primer libro!), eres arrastrados a una serie de acontecimientos que te arrastran hacia abajo, escuchas esa vocecita en ti que te susurra *«¡no tiene sentido continuar, vamos! ¡Ven conmigo a mi mundo de fracasos! »*.

Cuando la corriente te parece fuerte, necesitas remar más lejos y alejarte de esta espiral y llegar al continente que simboliza tu éxito.

Siempre siga adelante a pesar de todo, incluso cuando tenga dudas o esté desanimado. ¡Sigue adelante de todos modos! Con pequeñas cosas, cuando se acabe la inspiración, dígase a sí mismo que tiene un contrato para honrarse consigo mismo, forzar y forzar a su subconsciente a aceptar el contrato, será difícil al principio, pero si mira a su proyecto como una meta a alcanzar, tendrá las herramientas para construir el puente hacia el éxito.

El éxito no depende de la longitud del paso, sigue siendo el paso, construye tu puente y avanza, no importa cuán grandes sean las piedras para construirlo, son igual de importantes.

La fuerza del hábito entrará en ti, será doloroso, lo sé, pero es el precio del éxito, y al final, qué hermosa recompensa habrás adquirido.

La paciencia y la perseverancia te ayudarán a llevar a cabo tus proyectos con éxito, no te saltes los pasos, ir tranquilamente con confianza y determinación.

El síndrome de la página en blanco

Mientras escribo estas líneas, me siento abrumado por una multitud de pensamientos y echo de menos la inspiración. Soy una víctima de lo que se llama el síndrome de la página blanca.

Por supuesto, no me desvíe de mis objetivos, continuando a pesar de todo, y esto me permite expresarme sobre el tema, y puede ser interesante hablar de ello.

Mi mente parece atascada en las preocupaciones del momento, y trato de ignorarlas. Actualmente, mil y un pensamiento están pasando por mi mente y tengo problemas para mantenerme concentrado.

En mi primer libro, mencioné la importancia de convertir las debilidades en fortalezas y de inspirarme en los elementos que tenemos. Puedo decir que esta situación cae bien nombrada (¿sorprendente?)

Cuando esto te sucede, es normal tener momentos de duda, pero lo más importante es que te hagas cargo de tu vida lo antes posible.

Mantenga el rumbo en sus proyectos, esta debe ser su fuerza motriz, su fuente de motivación, el esfuerzo y la recompensa que vendrá a continuación. Me comprometo a no renunciar, en este sentido, a reanudar el ritmo de crucero es esencial.

Os cuento por qué me encuentro en una situación así, hace una semana, hice una corta estancia en Cannes con mi compañera, para disfrutar de los hermosos días de verano. Esta pausa era necesaria, trabajando más de 12 horas al día en mis proyectos, mi compañera me pidió que me tomara un descanso para poner mis ideas en su sitio, fue agradable, dejándome mecer por las emociones del momento, pudimos quedarnos allí durante años, el tiempo se detiene y disfrutamos del momento. Pero la recuperación fue difícil, la realidad nos está alcanzando y tenemos que volver al trabajo, eso es cosa de todos.

Por eso apoyo el interés de trabajar a diario, para que el cerebro mantenga el ritmo y se acostumbre a ello, tienes que hacerte violencia a ti mismo, como si estuvieras montando una bicicleta después de una caída. Si puedo aconsejarte sobre eso, siempre mantén un punto fijo, ese es tu objetivo, y no importa cómo obtengas el resultado, sigue siendo el resultado.

**PARTE 2: EJERCICIOS DE
ASESORAMIENTO Y
REPROGRAMACIÓN**

CAPÍTULO 8: CONSEJOS DE REPROGRAMACIÓN

«Es en un momento en el que menos lo esperamos que la vida nos ofrece un reto para poner a prueba nuestro valor y nuestra voluntad de cambiar, por lo que es inútil pretender que no está pasando nada o escabullirse diciendo que aún no estamos preparados. »
(Paulo Coelho)

¿Cuáles son los primeros pasos para reprogramar la mente subconsciente?

En primer lugar, y para llegar a ser la persona que siempre has querido ser y cambiar tu entorno, para ello tendrás que romper con muchas de tus amistades que consideras tóxicas para ti, esta información, no puedo darte esta información, solo tú conoces a tus familiares, pero son fáciles de reconocer, son personas que se encuentran con frecuencia con problemas y que los crean.

Como ya mencioné en mi primer libro, "*no tenemos nada para nada*".

Si quieres cambiar tu vida, mejorar tu vida diaria, tendrás que cuidar de tus amigos, en definitiva, cambiar tu círculo, tu entorno socio-cultural, por dos razones :

- No ser considerado entre la gente equivocada.

- Aprende de tu nuevo círculo.

Haz nuevos conocidos, aprende un poco más sobre ellos, sé apasionado y, sobre todo, ¡lee mucho! No puede hacerte daño, y se requiere un mínimo de cultura.

Este es el precio a pagar para tener éxito, para desprenderse del propio entorno y frecuentar otro mejor adaptado a lo que se quiere llegar a ser, el mecanismo debe ser hecho no brutalmente, como acariciar a un gato en la dirección del pelo, este tierno animal confiará en ti y aceptará tus atenciones. Por otro lado, si su mano es demasiado pesada, tenga cuidado con los arañazos, él sospechará de usted.

No hay diferencia en términos de medio ambiente entre estar sin tecnología o teléfono en una isla desierta y volverse rico, estas dos situaciones son ajenas a tu entorno de vida, metro, trabajo y sueño (¡por lo demás, depende de ti y no es asunto mío!), cuyo funcionamiento conoces de memoria.

Tendrás que aprender estos códigos socioculturales de la gente rica, tratar de sumergirte en este ambiente leyendo, yendo al restaurante y en las noches organizadas, para sumergirte en esta atmósfera silenciosa.

Preferiblemente, antes que nada, ¡obtener alguna información! Esto evitará que te vean como *Mr. Bean* comiendo langosta, o como una persona que piensa que está en un bar de carretera "*Paulette's*", no hay carne de ternera asada con salsa de chalota, sino platos más refinados, el comportamiento juega un papel muy importante en hacer que seas aceptado en este mundo.

En un segundo paso, usted necesitará algunos conocimientos de gestión de patrimonios, aquí también, no faltan libros sobre el tema! usted obtendrá nueva información, e inconscientemente, sin recordar necesariamente todo la primera vez, este será un primer acercamiento.

Para añadir un elemento a este breve pasaje, durante sus conversaciones, no hable demasiado, pero deje hablar a su interlocutor, una proporción del 20% de palabras para el 80% de la información recopilada, evite posicionarse como un experto, sin duda usted se levantaría. El individuo frente a ti ha hecho estudios, tiene un mayor conocimiento que tú, es profesional, por lo que el diálogo de tu interlocutor debe sacudirlo.

Obtendrás una mina de oro de él, te agradecerá que le escuches si siente curiosidad, no escatimes en las preguntas, ¡adelante! Pasa de lo egoísta a lo altruista, se sentirá a través de ti, *"sudarás"* simpatía, y tu interlocutor sentirá que estamos interesados en él, y él se volverá más y más seguro de sí mismo.

Haga preguntas al no dejar que su ignorancia se manifieste, por ejemplo, en una exposición de pintura, parezca intrigado por una pintura de Modigliani (no importa a quién no conozca), *"finja"* a su vecino de al lado diciendo cosas como *"interesante"*, *"¡es extraño! "¿Qué opinas de este cuadro? "*(para recoger información).

A medida que hagas esto, adquirirás un poco más de experiencia, no necesariamente estudiando bellas artes, sino espigando.

La dirección a tomar en la vida

Tus pensamientos son personales para ti, y nadie puede influir en lo que realmente quieres, eres libre de expresar tus opiniones políticas, sobre la sociedad, sobre tus opciones profesionales. A lo largo de tu vida, conocerás a personas que quieren cambiar tu curso, pero en realidad, no les gustaría verte triunfar, son personas influyentes.

Lo que realmente quieres debc venir de tus sentimientos, es tu corazón el que debe para hablar y tu mente para pensar.

No todo el mundo piensa como tú, tienes que para lidiar con la idea, y afortunadamente hay opiniones diferentes, porque abrcn cl dcbate.

Así que, saca a la *gran Lulu* o a la *Nelly Olson* de tu memoria, solo han sido una parte de tu vida, pero no hacen que tu vida, y tu encuentro con este tipo de gente debe ser un refuerzo y no un freno, las experiencias pasadas deben fortalecerte y así es como debes ver las cosas.

Para que tengas una idea de lo que debes hacer, escucha su corazón. Si te apasiona uno o más oficios, es en estas áreas donde deberías ir. Encontrar lo que le da más intensidad a tus emociones es lo que le da un lado emocionante a tu existencia.

No dejes que el miedo domine tu vida, combátela, ignora las burlas, a veces basta con decirte a ti mismo: *"¡Oh, qué demonios! ¡Voy a ir a por ello! "*y a partir de ese momento, ¡date los medios! En la era de Internet y otros medios de comunicación, usted tiene a su disposición una gran cantidad de herramientas que pueden ser utilizadas.

¿Cuando no te atreves, es sobre todo porque no tienes la voluntad, pero es porque no tienes la confianza para hacerlo porque no tienes suficiente información?

"¿Cómo puede lograrse esto? "¿Estoy hecho para este trabajo?" "¿Adónde voy?" Estas son algunas de las preguntas que pasan por tu mente mientras das vueltas en círculos sin saber qué hacer.

Para tener éxito y ser una mejor versión de ti mismo, tendrás que superar tus miedos y dudas, no dejar de ser derrotista y ser tan *"curioso sobre todo"*.

Abre los libros, empuja las puertas de las organizaciones de entrenamiento, incluso si tu mente subconsciente susurra para no intentarlo, escucha a tu corazón y deja que tus emociones hablen. El miedo es lo que te impide alcanzar tus sueños, romper esa barrera.

Cuanto más sientas este sentimiento de miedo y duda externa en lo que te apasiona internamente, más cerca estarás de la meta.

Cuando sepas exactamente lo que quieres, no te desvíes del camino que tu corazón te ha dictado, esta es tu meta final en la vida, nada será simple, pero tendrás que trabajar duro para lograrlo, y nadie más que tú mismo puede influir en ello.

No eres incapaz o inútil, pero te falta entrenamiento.

La única persona responsable de tu vida eres tú. De hecho, no siempre, cuando éramos niños, los adultos nos enseñaban campos de valores, todos evolucionamos en nuestro entorno social, y sabíamos que la información estaba relacionada con ello.

Nunca es demasiado tarde para hacerse cargo de tu vida, la vida es una sucesión de posibilidades, depende de nosotros aprovecharlas, ya sea para seguir las creencias que nos han enseñado, o para demostrar lo contrario de todo lo que se te ha enseñado, y que los que te han criticado están equivocados, y es sobre esta base que debemos trabajar en tu mente, crear nuevas ideas que oscurezcan las ideas recibidas.

A partir de ahora, entrénate para pensar diferente. No eres incapaz, pero es cierto que te falta información y que tienes que buscarla.

Cuanto más sepas, más te parecerán ignorantes todos los que te menosprecien. Por supuesto, continuarán criticándote, pero mientras lo piensen, tendrán el choque de sus vidas cuando descubran a qué nivel estás en relación con ellos, y comenzarán a celarte, porque en el fondo, hay mucha gente feliz con nuestra desgracia, lo que les permite establecer su ego para que puedan existir.

Las restricciones de nuestra mente subconsciente

Son específicos del individuo y se pueden resumir en una mente inculta, está limitada por la falta de hábito, cuando lees un libro por ejemplo, encontrarás esto aburrido o aburrido ya sea porque el reto de leer más de 200 páginas te parece insuperable, o porque no entiendes un rasgo de palabra de lo que se dice en él, sin conocer ninguno de los términos bárbaros usados por el autor.

Nuestros cerebros, al igual que nuestros músculos, necesitan entrenamiento y nutrientes para funcionar.

Si hago una comparación entre levantar pesas de 25 kg y crecer, en ambos casos, se necesita entrenamiento.

Sin esto, si su objetivo es poder hacer unos 20 movimientos levantando pesas más pesadas de lo que le dice su cerebro (por supuesto, algún día podrá hacerlo, pero no desde el principio), se *"paralizará"*, cuanto más esfuerzo haga, y más insuperable te parecerá, porque lo quieres todo y de inmediato, es decir, que para muchos levantador de pesas o relativamente, los que tienen éxito, tienen una muy buena manera de lograr sus objetivos a través de herramientas llamadas *"paciencia"* y *"perseverancia"*.

Para hacer esto, necesitas crear un horario en tu mente, para decirte a ti mismo que cada día haces tales ejercicios, en mi caso por ejemplo, paso al menos una hora al día leyendo, y otra hora escribiendo, y dependiendo del entusiasmo, puedo hacer un poco más.

Ten en cuenta tus objetivos, tienes que remar un poco para llegar a la tierra prometida, el barco no avanzará solo, y te desviará a otro destino al que realmente no quieres ir.

Cada día, haz pequeños esfuerzos, intégralos en tus hábitos, y cuanto más fácil te parezca, y cuanto más progreses al siguiente nivel gracias al hábito generado, cosecharás los beneficios de tus esfuerzos.

En un momento de mi vida, me fascinó un escritor, J.R.R. TOLKIEN, a quien probablemente conoces por haber escrito la trilogía del Señor de los Anillos.

Descubrí este autor gracias a mi prima quien me prestó uno de sus libros llamado "*Bilbo the Hobbit*". Por cierto, te recomiendo que lo leas, descubrirás el significado de tener un "*tesoro real*".

Me creas o no, dentro de ti hay una gran mina de oro que solo necesita ser explotada, solo que, en algún momento de tu vida, has dejado de cavar muchas galerías que conducen a verdaderos tesoros. Te faltaban las herramientas, palas, picos, etc...

Estas herramientas, usted las obtiene a través de la información que le proporciona todo lo que necesita para cavar más y más profundo en su mente, revelando hermosos depósitos.

Para volver a la trilogía del Señor de los Anillos, no te embarques en la aventura de leer toda la trilogía, no te pongas en la posición de tener este objetivo en mente, de repente te desanimarás, te recomiendo que empieces de a poco, con libros que solo tienen 150 o 200 páginas. Por cierto, un libro como *"La puerta secreta al éxito"* de Florence Schoven Shin tiene solo 140 páginas y es fácil de leer.

Un libro es sagrado, no se compra a la moda, ni se completa la biblioteca para dar lectura a las arañas que tejen sus telarañas en él, se obtiene porque realmente te interesa el autor, porque te interesa la historia y quieres descubrirla, o porque buscas información. Además, un escritor, a través de sus escritos, tiene un mensaje que transmitir, una historia que contar que no quiere ver olvidada.

Cuanto más su cerebro está entrenado para aceptar información, y cuanto más crece su sed de conocimiento, algunos incluso se vuelven adictos.

Despejar tu mente

Para desprenderse de su antigua vida y ser la persona que siempre quiso ser, es necesario despejar su mente, para ello tendrá que sentarse en una silla o acostarse en la cama, y luego no pensar en nada.

Tienes que practicar a despejar tu mente todos los días, o si no puedes, con la mayor regularidad posible, dejar de pensar en los dolorosos acontecimientos del día, las malas noticias, un jefe irritable, el coche que se avería........ Todos.........

Para ayudarlo a hacer esto, fije un punto específico en la habitación, por ejemplo, un baratija, el teléfono o una lata sobre la mesa. Enfóquese solo en este objeto.

Empieza a disfrutar de este pequeño momento de calma, y concéntrate en tu objetivo, aunque por el momento sea en forma de lata o baratija.

Saca el trigo de la paja

En todas las situaciones de nuestra existencia, todos tenemos lo bueno y lo malo, una parte de los acontecimientos dolorosos esconde algo mejor para nosotros, simplemente lo detectamos.

Cuando mi padre falleció en 2011, pensé que el mundo se estaba derrumbando a mi alrededor, tan aturdido por este doloroso suceso que era imposible para mí pensar correctamente, estaba perdido. Era uno de mis pilares que acababa de derrumbarse. Era urgente que me recuperara y no dejara que la situación me dominara, es en uno de estos momentos específicos cuando aprendemos a asumir responsabilidades y a ser mentalmente más fuertes, si no fuera por aquellos que no tienen la capacidad de recuperarse lo más rápido posible.

Todos somos pilares en la vida, siempre somos útiles a la humanidad cuando decidimos no rendirnos, y es a partir de este momento que descubrimos nuestra fuerza interior. Para eso, ¿qué puedo ofrecerte para que te conviertas en una persona mentalmente más fuerte?

Casi todo se dice en este libro, pero me gustaría centrarme en algunos puntos importantes, como el rea condicionamiento de la mente subconsciente mediante una conexión neuroasociada.

Este método consiste en sacar lo bueno de todos los malos momentos de tu existencia, te doy un ejemplo, si estás leyendo mi libro, es que todavía estás vivo y que todavía hay en ti esa vocecita interior que te empuja a actuar, por otro lado, tu subconsciente te bloquea diciendo «*¡No puedo!* »

En primer lugar, cuando piensas en tu vida pasada, en todos los momentos dolorosos, el gran Lulú que te acosaba en el patio de la escuela, te dices a ti mismo que te hizo mentalmente más fuerte.

Generalmente, aquellos individuos que te aterrorizaban cuando eras más joven están casi cerca de lo que podríamos llamar "*pervertidos narcisistas*".

Necesitan basar su dominación en alguien más débil para su seguridad personal, hacia sus camaradas para ser parte de la pandilla, pero sin ellos, no sería nada. Originalmente son personas débiles que no quieren mostrar nada, y el hecho de dominarte como un niño les dio un sentimiento de superioridad, lo hizo más fuerte.

Estas personas en este caso, transfieren sus debilidades a otra persona, nunca son responsables y si no cambian de rumbo, nunca lo serán.

Qué significa ser responsable en este sentido, significa "asumir", "reconocer los propios errores", siendo esta última una cualidad llamada "noble", lo que es aún mejor es la posibilidad de autocorrección, de razonamiento. Entonces, díte a ti mismo que eres y siempre serás más fuerte que todos aquellos que te han menospreciado.

Nunca caigas en la trampa de la crítica (la cizaña) y la tomes de manera constructiva (el buen grano), porque el juicio y la crítica sólo pueden ir en dos direcciones si meditas en lo que te enseño, la autocorrección y la sustitución, es decir, si tomas nota de los errores y relativizas todo lo que se te dice, y quién te lo dice, y en todo caso, recuerda esto:

"CONOCES TU PROPIO VALOR"

Relativiza cada evento de una manera positiva, si no hubieras conocido "el gran Lulú" en tu vida, serías más fuerte hoy.

El exterior refleja el interior

Puede parecerles sorprendente lo que estoy diciendo aquí, si todavía no han asimilado el poder de la auto-sugestión consciente e inconsciente. Trataré de ser lo más explícito posible, porque tengo muchas ganas de que tengas éxito en tu vida, esa es la misión de este libro, darte las claves para una vida mejor.

El mundo que construyes en tu imaginación debe "*sudar*" hacia afuera, es decir, poner tu mente en línea con todo lo que sucede a tu alrededor.

En pocas palabras, imagina que tienes una cuenta bancaria que a menudo está sobregirada, y que tus fines de mes son difíciles, las cartas de recordatorio te lo recuerdan constantemente, y tu subconsciente siempre está en fase con esta situación, acostumbrado a estas circunstancias, será una razón, y te será difícil estar conectado a las circunstancias positivas. La autosugestión consciente e inconsciente no será suficiente.

Idealizas tu vida, pero tu percepción y sentimientos hacia el mundo exterior no están conectados.

Así que cuando te imaginas ser rico y próspero, este no es el caso en el mundo real.

¿Por qué no funciona la materialización de tus deseos?

Debido a que simplemente no estás en sintonía con el mundo exterior, percibes y sientes el momento presente, existe una brecha entre el ser interior, convencido de que no tendrás éxito, porque has forjado una realidad aburrida, No tenga la convicción íntima de que las cosas cambiarán a pesar de sus ideas y sugerencias positivas.

La manera más fácil sería dejarlo ir, no podrás evitar que las cosas sucedan, estos eventos están realmente presentes en tu vida.

Por otro lado, a partir de ahora, se pueden amortiguar los impactos, al no tratar de provocar eventos complejos.

Pregúntese cómo puede mejorar esta situación registrando paso a paso en una hoja de papel las causas de sus problemas. ¿Fuma o bebe? ¿Tiene un primer empleo que le proporcione un ingreso decente? ¡Determine lo que gana y lo que gasta, e identifique áreas de mejora! Todo esto para acercar lo consciente y lo inconsciente, lo que imaginas debe venir de fuera, todo debe sentirse fuera, a tu alrededor. Por un momento, deténgase un momento y pregúntese « *¿Qué estoy haciendo?* » por un lado, está el mundo real con sus limitaciones y problemas que necesita mejorar, y por otro lado, está la imaginación donde el sentimiento predominante es la incertidumbre.

¿Qué dirección debemos tomar para recuperar un estado de ánimo sereno? Empieza a ordenar tus relaciones y deja de salir con gente que realmente no quiere salirse con la suya o que te desprecia. Vaya a lugares donde pueda conocer gente, como bibliotecas o asociaciones. Saldar sus deudas empezando por las más pequeñas, incluso si tiene cartas de reclamación más grandes, de todos modos, no tendrá el dinero para saldarlas todas, así que para aliviar sus problemas, empiece con las más pequeñas, lo que dejará espacio en su mente para encontrar soluciones para el resto.

Deje de gastar innecesariamente, es parte de los malos hábitos, incluso para pequeñas cantidades, porque da la sensación de no gastar mucho, mientras que pequeñas cantidades acumuladas lo hacen grande. Como resultado, tu estado de ánimo ya no estará bajo la espada de *Damocles* de la necesidad, tendrás suficiente para vivir, debes alcanzar la "*suficiencia*", ese sentimiento donde no necesitas nada.

Las nociones de ganancias y pérdidas

Hay dos nociones, falta y ganancia, y el éxito o el fracaso depende de cómo las veas.

Hablando en términos de "*privación*", "suma restante" o incluso "*economía*" sudan la "*falta*", no tienes suficiente..... No tienes suficiente....... Es muy poco....., todas estas frases son un reflejo de tus pensamientos, es tu realidad.

Es raro oír a alguien decir: "*Genial, tengo en mi poder la suma de 1€, es extraordinario*". (al no poner el "*todavía*"), la mayoría de las veces se oye "Solo me quedan 1€. ¿Empieza a ver la diferencia?

Ya le ha pasado a usted ver 1 centavo en el suelo, el reflejo para algunos es recoger esta moneda, para otros, es dejarla en el suelo, porque la suma parece irrisoria, y sin embargo....... Al no aceptarlo, le das la espalda al dinero, porque consideras que no te beneficia, mientras que otros, al considerarlo como una ganancia (sin mirar la pequeña cantidad), repetirán esta situación cuando no pienses en ello, porque muchos dicen "este es el comienzo de la riqueza", en efecto, pero afirman que permanece en el campo de la "falta" (Necesitas..... Esperas....).

Como ya he mencionado, tus pensamientos internos deben "*sudar*" hacia afuera, es decir, rea linear tu percepción que tiende a la realidad, tu subconsciente necesita considerar algo como "*verdadero*", porque lo que estás experimentando es solo la acumulación de lo que has afirmado en toda tu vida, debes para ello transformar la noción de carencia por la noción de ganancia, si tu mente está orientada hacia ella, atraerá hacia ti todo lo que deseas. Si tomas la decisión firme de hacer esto, con la fuerza de la costumbre, tu subconsciente se acostumbrará a ahorrar, pero a pesar de todo, se orientará hacia la noción de retiro si miras demasiado de cerca tus ahorros.

Dentro de ti, te susurrará: "*No puedo gastar esta cantidad, porque estoy limitado financieramente*". Para que esto funcione realmente, y para que usted pueda cosechar todos los beneficios, mucho más allá de sus expectativas, su mente debe mirar los esfuerzos realizados y no los sacrificios realizados para lograrlo. Es decir, considera lo que te queda como una ganancia que puedes acumular (esto redirige el subconsciente hacia la noción de abundancia), tu percepción debe ser la siguiente, si ganas por ejemplo 1200€ netos al mes (salario de referencia francés), si optas por la deducción automática y si te quedan 50€ o 100€ al final del mes, cuando piensas "suma restante", influirá en tu mente hacia la falta.

He leído muchos libros sobre desarrollo personal, pero lo que encuentro muy desafortunado es que la mayoría de estos libros no lo explican claramente. Cuando tienes un televisor, es una ganancia, un techo sobre tu cabeza, es una ganancia, lo mismo cuando tienes un trabajo (no importa lo que sea), si puedes concentrarte en el contenido y no en la forma, entenderás que ya eres muy rico y que ganas cada vez que sacas algo de la vida.

Estaba hablando de las leyes del subconsciente, y la más importante de ellas es la ley del equilibrio. ¡El interior debe "*sudar*" hacia afuera, ahora trata de imaginar tener la posibilidad de verte y ser todo lo que simboliza el universo, el entorno en el que vives y la gente que conoces! Tomando su lugar, ¿en qué estado de ánimo estarías si, por ejemplo, y tomando el papel del universo, dieras vida, la posibilidad de interactuar, de ver el mundo que te rodea, de tocar, de escuchar, y que a cambio, el que ves (tú mismo), a pesar de todo lo que ofreces, quedara insatisfecho? El que está frente a ti lo ha obtenido todo de ti (como universo), pero a cambio, es solo resentimiento, envidia y egoísmo, porque no da nada, no da gracias y no hace ningún gesto pequeño en esta dirección, por ejemplo, contribuyendo a mejorar el mundo.

Los católicos practicantes, al principio de cada comida, dan las bendiciones, es decir, rezan una oración para agradecer al Señor por la comida que van a comer, tiene todo un significado simbólico, porque están agradecidos de tener pan en la mesa y vino para beber.

¡Disfruta y enorgullécete de lo que tienes! Y agradece al universo por lo que te ofrece, aunque la situación actual te entristezca, mientras estés en estado de amargura, para afirmar que tienes una vida de miseria, solo obtendrás del universo una vida de miseria.

Esta forma de reaccionar viene de tu subconsciente, cuando eras niño, y tus padres te llevaban al supermercado, algunos de ustedes eran caprichosos, especialmente cuando pasaban por la sección de dulces, reclamando y haciendo una escena frente a los otros clientes, imagina las cabezas de tu padre y de tu madre, ya calentadas por tu comportamiento.

Este mismo fenómeno también ocurrió durante las fiestas navideñas, si recuerdas bien, tu familia te dio regalos cuando eras muy joven, aunque no eras sabio, así que, habiéndote acostumbrado a que te dieran juguetes en ese momento, con el paso de los años, comprendías cada vez menos por qué te daban cada vez menos, lo que indirectamente creaba la sensación de falta. Esto es lo que sucede con los niños que son demasiado mimados, acostumbrados a recibir todo a una edad muy temprana, terminan convirtiéndose en individuos que dependen de los demás y que, sobre todo, se dedican en su mayor parte a estafar a sus padres.

Envidiar a alguien por lo que tiene es sinónimo de falta, porque quieres lo que tiene además de ti, ya sea un bonito coche o una bonita villa con piscina, no obtendrás nada de todo esto porque indirectamente, te castigas a ti mismo, porque tu mente subconsciente está orientada hacia la necesidad, lo que no tienes, lo que te pone en una posición de pobreza y con este estado de ánimo, tus sentimientos serán similares a los de un mendigo, sentado en el suelo mirando a la gente que tiene la más mínima pieza para proporcionarla.

Preguntas y esperas a que todo te suceda si ya disfrutas de lo que tienes. La mayoría de la gente se pasa la vida rumiando sobre su difícil situación, leería mi libro, y sin cambiar su estado de ánimo, diría que todo lo que se señala en este libro es pura tontería, mientras que desde mi punto de vista, así como el de tantos otros que han tenido éxito, seguimos siendo ciertos y todo está en proceso de ser realizado.

Recientemente, asistí a un congreso para una empresa

de torneado de bares que celebraba su 40 aniversario. Durante su discurso, el presidente del grupo hizo la historia de su rápido progreso.

Al principio de la aventura que esta empresa iba a vivir, solo había un taller en un garaje y solo el fundador de lo que se convertiría en un gigante de la industria metalúrgica en Haute-Savoie.

Este hombre, solo en su garaje, era el padre del hombre que más tarde sería presidente del grupo, era una persona decidida, rigurosa, y hacía de la calidad su objetivo, lo que le permitía ser reconocido por su saber hacer y ganar nuevos clientes.

Poco después, este pequeño taller ya no pudo satisfacer una gran demanda, por lo que tomó a un empleado y, poco después, compró un taller más grande. Con el tiempo, gracias a su tenacidad, y siendo un gran trabajador, fue una empresa que creció un poco más, y cada vez que tenía que satisfacer las expectativas de una clientela en expansión, se hizo cargo de nuevas instalaciones, nuevas máquinas y nuevos empleados.

El presidente de este grupo relató sus inicios, primero

como empleado, para ocuparse de uno de los talleres de su padre, tomando como modelo su rigor y determinación que lo hicieron progresar.

A lo largo de su discurso, vi a un hombre con el mismo entusiasmo, siempre avanzando, mostrándonos su visión de la empresa, sus palabras no estaban orientadas a la carencia, sino al progreso, orgulloso del progreso realizado, su objetivo era la excelencia, tenía la impresión de asistir a un seminario sobre desarrollo personal y el presidente del grupo parecía hablar como un coach.

Llegar a nuevos mercados, y obtener una influencia global, en eso se ha convertido el grupo, una marca internacional con empresas en Estados Unidos, Polonia o Suiza entre otras, imaginar el camino tomado de casi nada, en el discurso, no hizo referencia a la falta, todo estaba enfocado en el beneficio, el éxito y el progreso. Esta es la perspectiva que usted debe tener, siempre esforzarse por la excelencia y estar orgulloso de lo que tiene. Sin reclamar nada de la vida, trata de convencerte de que siempre puedes hacerlo mejor.

Libera tu mente de tus problemas

Si se está ahogando en dificultades, no se preocupe y trate de analizar las situaciones de una manera racional. Como se mencionó anteriormente, un levantador de pesas nunca empieza con los pesos más pesados, no llegarás a ninguna parte pensando que esto es imposible, en primer lugar, analiza por qué te parece insuperable, empezando por la base. Quita algunas pesas de tus pesas, representan tus problemas y empieza a resolverlos empezando por el más pequeño de ellos, con el entrenamiento, lo imposible se hará posible, a partir de 5 kg, pasarás a 10 kg, este paso será posible para ti.

Al ser paciente, después de un mes, dos meses y así sucesivamente, su cuerpo se acostumbrará gradualmente a ello.

Si empiezas con problemas de 5 kg, tu mente se adaptará si le das las vitaminas que necesita en forma de información, tu cerebro se alimenta de ella a través de la lectura y la documentación.

Por lo tanto, tienen armas para resolver dificultades muy pequeñas, que se volverán menos restrictivas para su mente, se liberará de ciertas cargas, dejando más espacio para resolver problemas más grandes.

Es sencillo, empezar con los problemas más pequeños y terminar con los más grandes para resolver.

No te rindas al sonido de las sirenas.

Es el secreto para una vida mejor, saber lo que es realmente importante para ti y lo que no lo es. En las siguientes páginas, te haré ganar mucho dinero (esto traerá el precio de este libro que es la mejor inversión de tu vida)

Haz las cuentas y mira lo que te queda al final del mes, ¿por qué estás a menudo o siempre en números rojos? Ganar dinero no significa necesariamente recibir dinero de un tercero, sino preservar su capital. Cuando compras, ves productos en los estantes que quieres, un touchpad, un smartphone, una consola de videojuegos, pero te haces esta sencilla pregunta para todos estos objetos, "¿los necesito de verdad? Si ya tienes un smartphone, ¿por qué comprar uno? ¿El modelo es más nuevo? ¿El que ya no te gusta? o simplemente que ya no funciona. En todos estos casos, actúe de acuerdo a la prorrata, usted tiene objetos que funcionan, entonces ¿por qué cambiarlos?

¡Haga un balance de sus prioridades! A principios de mes, muchas personas (no digo todas) cometen el error de ver la gran cantidad de dinero que entra en su cuenta bancaria, sin importar lo que salga de ella, por lo que a finales de mes, el capital es algo limitado, incluso nulo.

Establece tu presupuesto en función de quién sale, y no por lo que entra, a principios de mes, deduce las prioridades, es decir, alquiler, electricidad, agua, comida, bebida, etc... No ganas el sueldo completo, porque todo sale inmediatamente para liquidar todo lo que es importante, en realidad, solo recibes el resto de tus ingresos que constituyen tus ingresos. Pero usted percibe esto como un remanente, que es sinónimo de carencia, mientras que usted tendría que pensar así: "*Tengo esta cantidad a mi disposición* ".

¿Qué es lo más importante para ti? estar a la vanguardia de la tecnología para no aparecer como un "*has been*", o tener un techo sobre tu cabeza y lo suficiente para satisfacer tus necesidades... para gastar o capitalizar... Una cosa es querer, y otra el beneficio.

Durante la semana, a menudo fui a la panadería después del trabajo (trabajé por la noche) y tomé un pastel que costó alrededor de 1 €, lo que significa que en una semana gasté 5 € y en un mes 20 € . Esta suma puede parecer ridícula, pero combinada con otras, es posible gastar, en la mayoría de los casos, hasta cien euros. Imagina que en un año, esto representa alrededor de 1200 € (redondeado).

Si vas al supermercado para conseguir la mejor marca de repostería, puedes arreglártelas por solo 2 ó 3€ la semana, es decir, 8€ al final del mes, y así sucesivamente. Calculando primero tus prioridades y haciendo que tu equipo dure un año o dos, podrías ahorrar dinero, y eso no es todo, esa cantidad que guardaste, puedes ponerla en un folleto del transportista (verifica las tasas de interés), y ganar dinero (si pones esto en interés compuesto), concluiré diciéndote lo que mi madre me dijo "*son los pequeños arroyos los que hacen los grandes ríos*", ¡recuerda!

CAPÍTULO 9: TÉCNICAS DE REPROGRAMACIÓN

«El instinto requiere ser entrenado por el método, pero solo el instinto nos ayuda a descubrir un método que es único para nosotros y gracias al cual podemos entrenar nuestro instinto.»
(Jean Cocteau)

El tema fue tratado en mi primer libro, solo que tenías que leerlo; si no, afortunadamente para ti, lo menciono de nuevo.

Tome un papel y un lápiz, dibuje dos líneas de arriba a abajo para separar la hoja en tres. En el medio, notarás todos los eventos de tu vida que recordarás. El título de esta columna será "eventos destacados".

A su izquierda, usted notará en el título "la carencia", ¿por qué se lo perdió? ¿Vino de usted o de sus parientes, en su opinión?

A la derecha, la columna se llamará "la victoria", ¿qué obtuviste? ¿Gracias a quién? Y tu estado de ánimo durante este evento.

Ahora, cuente el número de atributos positivos y el número de atributos negativos en cada columna. Si hay más de un lado o el otro, es la percepción que normalmente tiene del mundo que lo rodea, simboliza su grado de dificultad actualmente.

Para estos mismos eventos, aquellos que has experimentado como una carencia, trata de encontrar una respuesta en tu interior, ¿por qué percibes estos eventos negativamente?

Reconsidere su percepción de estos eventos y piense en cómo la situación podría haber mejorado, no culpe a las personas que causaron este evento, se trata de cómo reacciona, repensar positivamente, poner las cosas en perspectiva.Piensa en esto como una ventaja, por ejemplo, un trabajo que no podías hacer, tal vez no estabas lo suficientemente preparado, o no estabas hecho para el trabajo, o estabas celoso de una compañera de clase que estaba cortejando a una chica que te gustaba, tal vez no estaba hecho para ti y podrías hacerlo mejor.

Al buscar bien, siempre hay una respuesta de tu subconsciente que permanece verdadera, sufre tu realidad, no tienes la chica que te gustaba, ni el trabajo que querías, mucho menos la cantidad que te hubiera gustado tener, porque todo está orientado a la "falta".

Estás aquí, conmigo a través de mis escritos, muy vivo, estás en mi compañía, ¿no? Piensa en todo lo que te trajo a mí (al menos este libro), ¿qué te hizo comprarlo? Es probablemente para encontrar las respuestas que necesitas, y ya has obtenido una buena parte de ellas. Las respuestas que trato de darte a todos los problemas que has tenido en tu vida están en ti, solo que es difícil percibirlos, porque estás ahogada en dificultades o no te has atrevido, demasiado instalada en tu zona de confort, la chica que amabas nunca habrá venido a ti, porque no ha habido ninguna interacción con, lo mismo que para el oficio que esperabas, ¿cómo habría sabido de tu existencia?

No es tan diferente de presentarse en una agencia de empleo temporal o registrarse en un sitio de citas, o abrir una cuenta en Facebook, "al menos saben que existes".

El problema no viene de ellos, viene de ti mismo, de la forma en que percibes los acontecimientos, de ahí el interés de sumergirte en tus recuerdos y hacer balance de todo lo que te ha traído aquí.

Pero no te dejaré hundirte, tu vida dará un nuevo giro después de leer este libro, no hay nada mágico en él, y te prometí un diagrama que seguirá este pasaje de este capítulo, hecho con mis manitas, ¿no es maravilloso?

¡Ahora toma otra hoja de papel y comienza a crear tres columnas de nuevo! Uno para *"falta"*, otro para *"eventos significativos"* y el tercero para *"ganancia"*.

¡Toma tu primera hoja de nuevo, y mira la columna de la izquierda! ¡Trate de poner una respuesta que simbolice ganancias o ganancias en la segunda hoja! La chica a la que invitabas cuando eras joven no estaba interesada en ti, y de todas formas, la relación habría sido complicada, teniendo una forma diferente de pensar, pero te permitió conocer a una persona con la que te sientes bien y que comparte tu vida, amas a tu esposa, pero si eres soltero, la conocerás sin esperarla, porque esperar es sinónimo de carencia, que puedo recomendarte, estar ya bien en tu vida, feliz de tener lo que tienes, y si eres rico en lo que tienes dentro de ti, se materializará hacia fuera.

Para ello, imagina a tu mujer ideal y siente el amor que le tienes a esta persona, vive en tu mente en el momento presente, y sobre todo, guárdatelo para ti mismo, ya no tienes esperanza y disfrutas, es para apreciar cada pequeño momento con el que, día tras día, te atraerá todo lo que deseas.

Pero nada sucederá por sí solo, tendrás que interactuar con el mundo exterior, hacer amigos, hacer amigos, poner algo de energía en ello, y quizás uno de estos amigos te presente a su hermana, y sobre todo, bajo ninguna circunstancia debes hacerlo con un espíritu de expectativa. Lo que aparece dentro se materializará fuera, construirá su espíritu de pareja, y se hará realidad, porque el universo reequilibrará los acontecimientos.

Volviendo a tu sábana, ¿dónde estás? ¿Te diste cuenta de lo que acabo de decirte? ¡Maldita sea! ¡Pon tu corazón en ello! ¡Adelante! ¡Adelante! Averigüe cómo los eventos negativos habrían dado un giro positivo, ¡póngalo en perspectiva!

Para resumirte a ti o a mí, porque probablemente estás en el interrogatorio, tomando tus dos hojas, renombrando "*la falta*" por "*Seguidor*" y "la ganancia" por "*Líder*", entenderás en qué posición te encuentras. El Seguidor sigue al Líder, espera instrucciones que se le den, como un estudiante que espera que el maestro le instruya dándole información que le será útil en la vida a través de los libros, o como las ovejas que siguen al pastor, o los desempleados que esperan que se le ofrezca trabajo.

El Líder, en cambio, no espera nada, o mejor dicho, da tiempo, energía, apoyo, porque posee mucho. Si se miran los videos de *Franck Nicola*s o *Max Piccinini*, ellos también dan a la caridad, no los verán mendigando por sus libros, por supuesto, se ven obligados a darse a conocer por medio de la publicidad, lo que se llama "interactuar", el cantante da un mensaje a través de una canción, el político lidera a los activistas dando esperanza, expresan sus ideas y se dan a conocer.

¡Para tener éxito en la vida, debe provenir de una contribución personal! Deja de ser como el perrito que sigue a su amo, sé el "Amo"! Den su tiempo y energía, esto es lo que el universo espera de ustedes, su contribución ha sido hecha en gran parte al ponerlos en esta tierra.

Cuando estaba en la escuela, habíamos estudiado los pesos, había una escala llamada "Roberval" en el aula, había dos bandejas, en una colocamos pesas de 20 g, 50 g y 100 g Por otro lado, teníamos que determinar el peso de un objeto, era un bolígrafo, una goma o un tubo de pegamento. Si faltaban pesos (la falta), las bandejas donde se colocaron los objetos permanecieron en la parte inferior (donde está su vida), por el contrario, agregando pesos en la primera tabla (la adición, la ganancia, el beneficio), el segundo ha aumentado (es tu estima, tus pensamientos y tu vida los que toman un mejor nivel).

¡Así que no lo dudes! Añade algo de peso a tu vida y verás que subirá a un buen nivel, y cuanto más te lo pongas, más se levantará.

Mente orientada hacia la pérdida

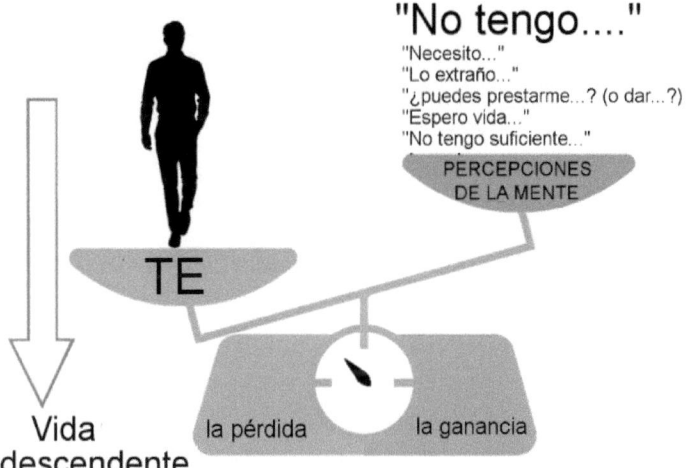

"No tengo...."

"Necesito..."
"Lo extraño..."
"¿puedes prestarme...? (o dar...?)"
"Espero vida..."
"No tengo suficiente..."

PERCEPCIONES
DE LA MENTE

TE

la pérdida   la ganancia

Vida
descendente

Mente orientada para ganar

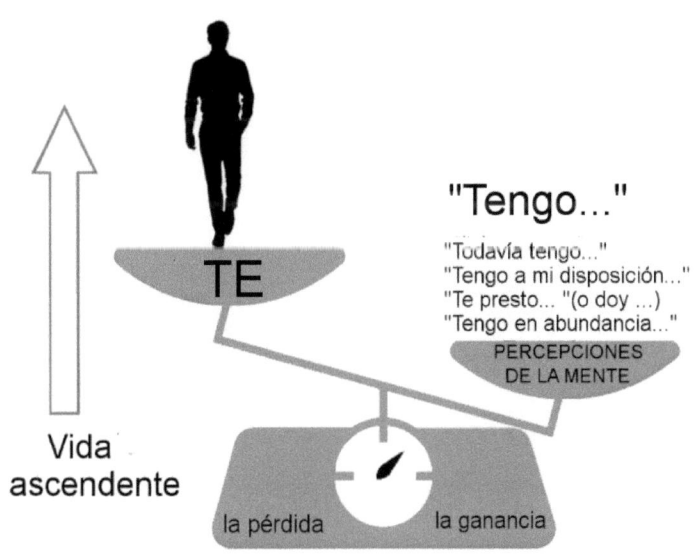

"Tengo..."

"Todavía tengo..."
"Tengo a mi disposición..."
"Te presto... "(o doy ...)"
"Tengo en abundancia..."

PERCEPCIONES
DE LA MENTE

TE

Vida
ascendente

la pérdida   la ganancia

Un recurso efectivo

Si te dijera que hay un tratamiento que animaría a tu subconsciente a aceptar todo lo que le pides, lo encontrarías extraordinario, y sin embargo, a lo largo de este libro, he enfatizado muchos puntos, incluyendo el fenómeno de la repetición subjetiva. "*¿Qué demonios es eso?*" ¿Simplemente me dirías que insistir en un tema relacionado con tu vida personal, ya sea la salud o las finanzas, también es válido en otras áreas?

En medicina terapéutica, lo llamamos "*auto-sugestión consciente*" o "*método de Émile Coué*", pero como ya he mencionado, esta técnica solo funciona realmente cuando realmente creemos en ella. Para ello, no solo hay que repetir la siguiente fórmula: "*cada día, en todos los sentidos, cada vez estoy mejor*", acompañada de una sensación de bienestar.

Si no lo sabes, entonces puedes hacer lo que se llama "*truncar*" o "schinter" o simplemente "*puente*" entre la formulación y un recuerdo alegre (todos lo tenemos, no importa cuánto dure).

Piensa en los sentimientos que experimentaste en tu boda, tu primer hijo, cuando recibiste un diploma u otro, este alegre recuerdo reside en algún lugar de tu conciencia, concéntrate en él por mucho tiempo hasta que invada todo tu ser.

De este feliz recuerdo, guarda solo las emociones, luego formula la frase "*cada día, desde todos los puntos de vista, me estoy volviendo cada vez mejor*". Si siguen mis recomendaciones, puedo garantizarles que realmente funciona, no en un día, sería demasiado bonito, pero los resultados ya se pueden sentir después de unas semanas, unos meses, dependiendo de las personas, el grado de implicación y el nivel de dificultades a resolver.

El despertar de la conciencia

Para eso, haremos un pequeño experimento. Tome un libro sobre un tema que parece doloroso de leer. Esto puede ser en filosofía, matemáticas, francés o historia. Para aquellos que quieren hacer el ejercicio más desafiante, tome temas complicados tales como contabilidad y asuntos legales. Lee el libro elegido de una sola vez, sin tratar de conocer los pasajes de memoria, solo léelo.

Tendrás la impresión de que no estás aprendiendo nada, y sin embargo tu subconsciente funcionará como un sistema de "*déjà vu*", inconscientemente, has retenido información, incluso solo un 10%, lo que no es tan malo.

La información existirá en su subconsciente, pero no sabrá con qué asociarla, tendrá que esperar nueva información para crear una correspondencia con lo que ya conoce, se creará un puente entre el punto de origen (su conocimiento) y la nueva información, pronto será más fácil para su subconsciente procesar los nuevos datos, a medida que lea o documente.

En los días, meses o años venideros, esta información permanecerá grabada en una esquina de su cabeza. Volverán a aparecer cuando las necesites, una especie de efecto "*déjà vu*", te dirás a ti mismo "*¡Ya he visto esto antes en alguna parte!*" Toda nuestra vida, conscientemente o no, seguimos aprendiendo, nuestro cerebro es una base de datos muy grande, por lo que no utilizamos mucho las capacidades de este órgano, gira en torno al máximo 30% de sus capacidades para una persona altamente educada, una persona promedio solo utiliza entre el 10 y el 20%. Y sin embargo, miles de millones de información circulan cada segundo, es el más sofisticado de todos los ordenadores.

La técnica de las monedas de 1 céntimo

Vas a decir: *"¿Qué más puede aportar a mi vida una técnica como esta?"* Piensas de tal manera que ves lo pequeño y te respondería que incluso con 1 centavo, puedes hacer mucho, te lo demostraré.

Para lo que les demostraré, tendrán que ser concienzudos, incluso muy serios. Esta técnica, por increíble que parezca, puede ahorrarle mucho dinero si pone su corazón en ella.

El propósito de esta técnica tiene dos fases, la primera está basada en lo concreto, verás que lo que te propongo es bastante factible, la segunda te permite realinearte con lo real, lo que el subconsciente quiere es que todo lo que piensas sea auténtico, verdadero, realizable.

Se creará un fenómeno, el de la abundancia, lo que harás en el mundo real también ocurrirá en tu mente subconsciente, es una de las reglas más importantes de la ley de la atracción, el exterior también debe sentirse en el interior, debe reflejar una verdad que tu mente asimilará, y cuanto más empujes hacia arriba, y cuanto más seas atraído en esta dirección por una fuerza invisible, te bañarás en un aura magnética que atraerá hacia ti todo lo que deseas.

En primer lugar, compruebe su cuenta bancaria y proceda como le dije en las páginas anteriores.

Resuelva sus problemas empezando por los más pequeños, de modo que ya no se encuentre en una situación que parece imposible de manejar, y luego gradualmente resuelva los más grandes negociando acuerdos amistosos con sus acreedores. En la mayoría de los casos, estarán de acuerdo, sujeto a costos adicionales, pero es preferible resolverlo todo sin esperar a que surjan problemas mayores (fijación del salario o visita del alguacil).

Luego, elabore un presupuesto para el mes deduciendo de su salario todos los gastos básicos, es decir, alquiler, electricidad, etc...

Con la cantidad restante, divídala por 4 semanas, luego retire el 25% del resultado semanal, esto le dará el límite máximo de gastos. Y con el resto, aunque solo queden unos pocos €uros, déjalos a un lado, se utilizará para el método de la moneda de 1 céntimo.

Finalmente, llego a mi técnica, que tiene dos objetivos: hacer que ganes dinero y reacondicionar tu mente subconsciente por la fuerza del hábito, esto se hará naturalmente. Para muchos de ustedes, se sorprenderán.

Para ello, necesitarás una gran jarra o caja que colocarás en un lugar cerrado, que no esté directamente expuesto a la vista, para evitar lo que podría llamarse "la tortura de Tantalio".

Empieza desde esta línea que lees con solo 1 centavo. El frasco o caja parecerá vacío al principio, pero si usted es paciente, cosechará los beneficios de este esfuerzo.

Al día siguiente, deposite 1 centavo + 1 centavo, y al día siguiente, añada otro 1 centavo a sus otros 2 centavos, y así sucesivamente.

Este método funciona en combinación y no es necesario invertir mucho dinero en él al principio.

El objetivo final es que con solo unos peniques, se añada una moneda en el bote o caja cada vez, y lo más extraordinario es que al fijar el límite de 1€, es decir, al poner solo un peniques a la vez hasta 0,99€, en primer lugar, solo se tarda 3 meses y 9 días (el mes redondeado a 30 días), el importe total obtenido será de 49,50€....... ¿No es increíble? ¡Tome la prueba con su calculadora e imagínese lo que podría ganar en 6 meses! Un total de 161,90€ al alcanzar el límite de 1,80€.

Esto probablemente te hace consciente de todos los pequeños gastos que haces durante estos 6 meses y que no superan los 2€ al día, es el aumento del valor añadido lo que provoca este fenómeno, y más aún, para los más valientes, prueba la misma experiencia, pero con 0,10€ al día, la suma (multiplicada por 10) acumulada representaría un total de 1.619€ por 18€ en 6 meses (¡si es que es posible!).

¿Todavía no me crees? 1€ por día, en un período de un mes, ya representa 30€ y en 6 meses, 180€. Si comienzas esta técnica ahora, tu subconsciente no la aceptará al principio, pero con la fuerza del hábito, se convertirá en rutina para que lo haga, por eso tienes que razonar contigo mismo, tomar control de ti mismo, y para ti, se convertirá en algo natural.

Haga que su dinero trabaje

Muchos dirán que me estoy alejando de mi tema inicial, mientras que no lo es, es parte del proceso de rea-condicionar la mente subconsciente y hacerla asimilar las nociones de ahorro, lo que cambiará radicalmente su vida, y si lo hace concienzudamente, lo hará sin siquiera pensarlo, su mente subconsciente también hará que su dinero trabaje, porque él pensará de otra manera. Con el dinero que has ahorrado, puedes esperar al menos 50€ al mes, lo que te aconsejo que inviertas gradualmente en una cuenta de ahorro, durante un año, habrás adquirido 600€ además de los tipos de interés. Esto te permitirá ir más arriba con la acumulación de monedas de 0,01€, te aconsejo que ahorres dinero, porque el método puede tener sus límites si no sigues estas recomendaciones al pie de la letra, especialmente si tienes que retirar sumas de hasta 10€ al día, tendrás que recurrir a tus ahorros.

Te aseguro que salir por 10€ al día, aunque parezca increíble, y creas que me he caído de cabeza, es muy factible, pero no te llevará más de tres años llegar allí. Al reservar sus 50€ al mes, asegura la continuidad del proceso al contar con una parte de su capital. Después de tres años, verás tu aumento de capital, la abundancia impregnará tu subconsciente, lo que sucede dentro de ti resonará con el mundo exterior, lo cual tendrá el efecto de tener el espíritu ganador, otros cambios ocurrirán en tu vida si reconsideras todo lo que has tenido o posees desde tu infancia, transformas tus debilidades en fortalezas.

Imagine todo lo que puede adquirir, mucho más allá de los 1939€ anunciados, superará todas sus expectativas. Porque todo será atraído hacia ti como un imán.

La sugerencia consciente

Como ya he mencionado, hay un método que nos permite ver las cosas con la luz adecuada. Este es el método de Émile Coué, que se puede resumir en una veintena de reformulaciones, para convencerse de que los acontecimientos y la salud están en el lugar adecuado, solo funciona si estamos íntimamente convencidos de su eficacia y, sobre todo, la autosugestión consciente debe ir acompañada de emociones, y se debe sentir un bienestar interior vinculado a la formulación. Lo he modificado un poco para darle más fuerza a su efectividad. En lugar de utilizar "*cada día, cada punto de vista, cada vez estoy mejor*", si no más bien "*cada día, cada punto de vista, ¡siento que estoy mejorando cada vez más!*"

¡Usa esto y trata de sentir una sensación de bienestar! Si tiene dificultades para hacer esto, piense en algo agradable que le dé placer, relájese y saque sus problemas de su cabeza. Intenta separar el evento de la emoción y hacer una transposición, es decir, separar la memoria del sentimiento experimentado.

Un sujetapapeles contra una casa

Recuerdo una historia que comenzó muy precisamente el 12 de julio de 2005 y terminó un año después, el 12 de julio de 2006, y les pregunto ahora: ¿es posible tener una casa a cambio de un sujetapapeles? Naturalmente y con una mente lógica, no, porque piensas en términos de dinero, mientras que el que está en el origen de esta historia se llama Kyle M no ha pagado ni un solo centavo.

¿Cómo lo hizo? Todo comenzó con una apuesta que hizo en sí mismo cuando vio un sujetapapeles en su escritorio, el de adquirir una casa de este pequeño objeto sin valor aparente, pero que le permitiría realizar su sueño.

Pone su pequeño sujetapapeles en línea en un sitio de trueque, y a cambio recibe un bolígrafo en forma de pez, que será cambiado por un pomo, este mismo será dado por una barbacoa, y luego gradualmente intercambia un generador eléctrico, una bomba de cerveza, una moto de nieve, una camioneta, una compañía discográfica para grabar una demo, un año de alquiler gratuito en Phoenix, y con el tiempo, las redes sociales, luego los medios de comunicación se interesan por él, y así, su apuesta continua, su alquiler gratuito en Phoenix se pincha por una tarde con Alice

Cooper, que intercambia por una simple bola de nieve.

Los internautas que siguieron muy de cerca el caso encontraron esta elección bastante regresiva, mientras que era estratégica, porque no sabían que Corbine Bersen era una gran coleccionista de bolas de nieve, y le ofrecieron un papel en su próxima película, para terminar, y llegó a principios de julio de 2006, que cambió su pequeño papel en una película por una casa. Todo esto en un año ha sido una sucesión de acontecimientos que le han llevado a su objetivo final.

No lo hizo diciéndose a sí mismo, como muchos se dirían: "Es absurdo", así que, a diferencia de este hombre, muchos no lo intentan, o cuando lo intentan, se rinden en el camino, pero el que hizo esta apuesta se aferró al final, se fijó una meta final sin preguntarse realmente cómo llegaría allí y si llegaría allí. Cada objeto que tiene más y más valor, su subconsciente siempre fue tirado hacia arriba, objetivo tras objetivo, creó el fenómeno del atractivo, los acontecimientos externos cambiaron a su alrededor, porque creía fuertemente en él. Ha atraído a usuarios de Internet, medios de comunicación y personalidades a través de su historia, que al principio no se tomó en serio, pero con el tiempo, la gente se ha convencido.

Quería demostrar con esta apuesta que la gente le da demasiada importancia al valor material cuando es suficiente pensar en el valor subjetivo y emocional, la prueba la hace con la bola de nieve intercambiada con Corbin Bernsen.

Kyle MacDonald también aparece en el libro Guiness of Records en la categoría "Intercambios de Internet más exitosos".

Neuroasociación y neuro-sustitución Se le presenta un objeto y se transmite una señal a su subconsciente. Busca asociarse con él, sea bueno o malo. Por ejemplo, para un fumador, los cigarrillos serán sinónimo de placer, porque le dan su dosis diaria de nicotina.

Para un no fumador, esto se refiere a problemas de salud que pueden llevar a la muerte. No estoy diciendo que un fumador no piense en ello, pero el deseo de tener una dosis diaria domina el pensamiento de los problemas que pueden resultar.

Solo cuando llegan se dan cuenta de que fumar es perjudicial, pero ya es demasiado tarde. Tu subconsciente está trabajando en las prioridades. Lo mismo es cierto para un alcohólico o un adicto de Facebook, son personas adictas. El canto de las sirenas es más fuerte que su voluntad, siempre la mente subconsciente que permite que el objeto de su adicción domine. Para compensar la neuroasociación del placer dominante, hay un método que he probado yo mismo, el de la sustitución. Significa "*encontrar otro placer dominante*". Recuerdo cuando era más joven, salía a clubes nocturnos con mis amigos, bebía mucho alcohol en esa época de mi vida, pero también comprendí que estaba perdiendo toda mi claridad y arriesgándome mucho al obtener mi licencia.

Así que, realmente no recuerdo en qué contexto, empecé a tomar mucho café (¡eso no es bueno también, lo sé!), pero esta dosis de cafeína era más esencial para mí que el alcohol, solo tenía que reemplazar una bebida por otra. El método utilizado fue reemplazar la neuroasociación por la neuro-sustitución diciéndome a mí mismo que el café era más esencial para mí que el alcohol, y desde entonces, ya no bebo una gota de él fuera de eventos como la Navidad y la Noche-vieja. ¡Todo lo que puedo decirte es que realmente funciona! ¡Pruébalo y verás! Si usas toda tu fuerza interior y le pones entusiasmo, ¡una buena dosis de convicción y estará bien!

El eco de tu mente subconsciente

Ahora, voy a sugerir un ejercicio para recuperar la confianza en uno mismo que funcione en lo visual, en el tacto, en lo verbal y en lo subconsciente, todo al mismo tiempo. Consiste en asociar una sola cosa o evento con todos tus sentidos. Si no tiene referencias, acuda a un restaurante u hotel de lujo, preferiblemente póngase un traje que combine con la decoración, y esto evitará que la recepcionista le pregunte qué está haciendo aquí. En tal caso, dile que estás esperando a alguien. Nada podría ser más fácil.

Entonces, localiza bien los lugares, haz el vacío de tu vida actual y en ti mismo, supone que siempre has conocido el lujo, que el lugar es parte de tus hábitos, siente cada sonido, cada movimiento de la multitud, absorbe todo lo que te rodea, esto te servirá de base para el resto de la experiencia.

Una vez que la información es recolectada, usted se va a casa y se acuesta en su cama. Piensa en la situación que experimentaste. No haga esto con sus problemas actuales en mente, como ya he mencionado, la mente subconsciente se basa solo en el mundo real, sus emociones no deben estar orientadas de ninguna manera hacia la envidia y la necesidad, revivir la escena como si realmente fuera un cliente de este restaurante usted mismo, y de ninguna manera asociar todo esto con el dinero que usted gasta o la pérdida, sino más bien con el beneficio y el placer que usted trae al menú.

Si usted ha observado todos los platos que comían los clientes del restaurante de lujo, tendrá que asociarlos con sus propios sentidos, como si hubiera pedido los mismos platos. Imagine el sabor de la carne, las verduras, el vino, la atmósfera y los sonidos. La escena se repite en tu cabeza. En este lugar, conoces a gente que conoces (siempre en tu imaginación), son gente conocida, te piden recomendaciones sobre los platos antes de sentarse a tu mesa. Te hablan de cosas y de otros, la comida va bien, tus invitados están contentos de estar contigo, y cuando pagas la cuenta, les dices a tus invitados: *"¡Déjalo! es para mí"*, tienes los medios porque tienes un suministro inagotable, "*ganas*" la simpatía de la gente que te rodea, "*ganas*" una bonita velada, y "*ganas*" en todos los ámbitos. Luego, mientras imaginas esta escena, repite esto oralmente, "*Estoy aquí ahora, esta es la vida que debo tener*", luego haz lo mismo en tu mente, impregna esta frase repitiéndola mentalmente, cruza lo oral y lo mental.

Medita en esto por lo menos una hora durante el día, luego, durante tu noche de sueño, construye la vida que quieres tener, entonces tienes todos los elementos para constituirla. Teniendo una gran capacidad cultural, te invito a buscar información, a tener curiosidad sobre todo lo que la vida tiene que enseñarte, a sacar solo lo positivo de todas las situaciones y lo positivo vendrá a ti.

Se trata de reconsiderar toda tu existencia, tal es el propósito de este libro, estás vivo, en plena salud, tienes a tu disposición todas las riquezas de este mundo, el poder de extraer de esta inagotable reserva que son la cultura, el aire abundante que respiras, lo que ya posees en ti que ha sido "*ganado*", eres mucho más rico de lo que piensas y tienes mucho más que traer al mundo que te rodea, pero en cualquier caso, ¡sigue siendo auténtico, medita en estas últimas palabras!

CONCLUSIÓN

Estamos llegando al final de este libro, esperando que le haya sido útil y que le haya proporcionado algunas respuestas a todas las preguntas que se hacía a sí mismo. Ahora tienes muchas herramientas a tu disposición para reprogramar tu mente subconsciente y obtener una vida mejor de ella.

Esto requerirá una constante inversión personal, especialmente en estas últimas líneas, si tengo algo que decirte, "¡no te rindas! La recompensa es a menudo un gran esfuerzo, te lo agradecerás más tarde, por mi parte, solo destaco lo que ya está en ti, ya lo he mencionado en mi primer libro titulado "Éxito Garantizado", los consejos que doy en cada uno de mis libros deben seguirte toda tu vida, recordar todo lo que se ha enumerado.

Siempre concéntrate en tus metas, no exageres, ten confianza y vete gradualmente, ganarás confianza, y esto te ayudará a progresar hacia la meta final, el éxito.

Para saber si habrá un seguimiento de mis dos libros, no lo sé, el tiempo me lo dirá, y no tengo el hábito de hacer promesas que no puedo cumplir, lo verás por ti mismo. Mientras tanto, pase lo que pase, les deseo mucho éxito en todo lo que hagan.

Una última cosa......

"¡Siempre mantén tu mente por encima de la línea!"

Amigable

Yoann MERITZA

SUGERENCIAS DE LECTURA

EDICIONES BOD

- ÉXITO GARANTIZADO
Yoann MERITZA

UN MUNDO DIFERENTE

— RÉUSSITE MAXIMUM
Max PICCININI

— CONFIANCE ILLIMITÉE
Franck NICOLAS

— LA LEY DE LA ATRACCIÓN
Michael J. LOSIER

EDICIONES BELIVEAU

— 7 INGREDIENTES ESENCIALES PARA
DOMINAR LA LEY DE LA ATRACCIÓN
*Jack CANFIELD – Mark Victor HANSEN –
Jeanna GABELLINI – Eva GREGORY*

POCHE MARABOUT

— EL MÉTODO COUÉ
Emile COUE

— EL PODER DEL PENSAMIENTO POSITIVO
Norman Vincent PEAL

J'AI LU

— EL CÓDIGO SECRETO DE TU DESTINO
James HILMAN

— CUMPLE TU DESTINO
Wayne W. DYER

— ¡CUANDO QUIERAS, PUEDES!
Normann Vincent PEAL

— ¿CÓMO HACER QUE TU VIDA SEA UN ÉXITO?
Dr Josephe MURPHY

—CÓMO USAR EL PODER DE TU MENTE SUBCONSCIENTE?
Dr Joseph MURPHY

— EL PODER DE LA VOLUNTAD
Paul-Clément JAGOT

— EL JUEGO DE LA VIDA
Florence Scovel SHINN

— TU PALABRA ES UNA VARITA MÁGICA
Florence Scovel SHINN

— PIÉNSALO Y HAZTE RICO
Napoléon HILL

— LOS SECRETOS DE LA COMUNICACIÓN
Richard BANDLER & John GRINDER

— CONVERTIRSE EN UN MENTALISTA
Bastien BRICOUT

LE LIVRE DE POCHE

— CÓMO HACER AMIGOS
Dale CARNEGIE

— CÓMO HABLAR EN PÚBLICO
Dale CARNEGIE

EDICIONES ASKA

— MÁS LISTO QUE EL DIABLO
Napoléon HILL

EDICIONES ADA

— LOS SECRETOS DEL ÉXITO
Sandra Anne TAYLOR

EDICIONES BUSSIERE

— LA PUERTA SECRETA AL ÉXITO
Florence Scovel SHINN